L'ILE DES PINS

SON PASSÉ, SON PRÉSENT, SON AVENIR

COLONISATION & RESSOURCES AGRICOLES

PAR

LE DOCTEUR TH. MIALARET

MÉDECIN DE 1ʳᵉ CLASSE DE LA MARINE.

PARIS
LIBRAIRIE AFRICAINE & COLONIALE
JOSEPH ANDRÉ & Cⁱᵉ
27, RUE BONAPARTE, 27
—
1897

L'ILE DES PINS

Beaugency. — Imp. J. Laffray.

L'ILE DES PINS

SON PASSÉ, SON PRÉSENT, SON AVENIR

COLONISATION & RESSOURCES AGRICOLES

PAR

LE DOCTEUR TH. MIALARET

MÉDECIN DE 1ʳᵉ CLASSE DE LA MARINE.

PARIS
LIBRAIRIE AFRICAINE & COLONIALE
JOSEPH ANDRÉ & Cⁱᵉ
27, RUE BONAPARTE, 27

1897

A Monsieur P. FEILLET

Gouverneur de la Nouvelle-Calédonie et dépendances.

Hommage respectueux.

L'ILE DES PINS

CHAPITRE PREMIER

Géographie. — Topographie.

Sommaire : Situation géographique de l'île des Pins. — Sa forme. — Configuration de la côte. — Superficie. — Le port de Vao. — Le port de Gadji. — Le port de Kuto. — Constitution géologique de l'île des Pins. — Le plateau central. — La zone cultivable. — La zone madréporique. — Topographie de la côte Ouest. — La presqu'île Kuto. — Kaa. — Uro. — Les prisons. — L'hôpital. — Le télégraphe optique. — Le dépôt des femmes reléguées. — La ferme. — Koëville. — Ouameu. — Ouaméo. — La forêt. — Les voies de communication. — Topographie de la côte Sud. — Kaumagna. — La mission de Vao. — L'école des filles. — L'école des garçons. — L'église. — La scierie hydraulique. — Le palais d'Abel. — Le village de Vao. — Topographie de la côte Est. — Ouadchia. — Les Canaques exilés. — Ouamagnie. — La grotte. — Ouapan. — Topographie de la côte Nord. — Gadji. — La forteresse indigène. — Superficie de la forêt. — Les grottes de l'île des Pins. — Leur formation. — Leurs différents aspects. — Les cimetières indigènes. — Le Ko-tsitéré. — L'hypogée de Ko-mé-méré.

Description générale. — L'île des Pins, dont le nom indigène est Kougnié, doit son appellation aux innombrables pins colonnaires qui couvrent ses côtes et les îlots environnants. Elle est située par 22°32' et 22°42' de latitude Sud, et 165°10' de longitude Est. Elle se trouve placée à l'extrémité Sud-Est de la Nouvelle-Calédonie, à une distance d'environ 35 milles du cap N'Doua, pointe Sud extrême de la grande terre.

Elle est séparée de celle-ci par un inextricable enchevêtrement de récifs de corail.

La route des navires allant de l'île des Pins en Nouvelle-Calédonie passe à l'Ouest de cette ligne de récifs. Deux passages seulement, sur cet espace de 35 milles donnent accès dans l'Est : 1° le canal de la Sarcelle, situé à peu près à moitié chemin; 2° le canal de la Havannah, qui longe la côte calédonienne. Entre ces deux passages, au milieu de remarquables pâtés de coraux, se trouve le célèbre mouillage de Cook.

L'île des Pins, dans son ensemble, a une forme circulaire, un peu allongée cependant du Nord-Ouest au Sud-Est. Ses côtes, découpées de la façon la plus pittoresque, sont bordées d'une multitude d'îlots de corail couverts d'une luxuriante végétation.

Ile principale et îlots environnants sont entourés d'une ceinture de récifs qui rend difficile l'accès de chacun des trois ports où peuvent mouiller les navires d'un certain tonnage.

Toute la côte, si l'on en excepte quelques plages formées d'un sable fin et blanc, est abrupte et constituée par la roche corallienne. Les madrépores ont cessé là, depuis des siècles, leur travail de prolifération; ils émergent aujourd'hui d'une assez grande hauteur. L'action lente, mais incessante, des eaux de la mer, a creusé la base, et si profondément quelquefois, qu'en certains endroits, à la presqu'île Kuto, par exemple, on peut, à marée basse, faire de longues promenades à pieds secs sur le corail, à l'abri d'une voûte de plusieurs mètres de hauteur.

Kougnié mesure environ 18 kilomètres du Nord-Ouest au Sud-Est, et 14 kilomètres de l'Ouest à l'Est. Sa circonférence serait donc d'à peu près 50 kilomètres, si l'on ne tient pas compte des déchirures profondes qu'on trouve en certains endroits de la côte. Sa superficie totale est de 15,065 hectares.

Les ports, avons-nous dit, sont au nombre de trois :
1° Le port de Vao, au Sud-Est ;
2° Le port de Gadji, au Nord ;
3° Le port de Kuto au Sud-Ouest.

Le port de Vao est fermé, à l'Est, par l'îlot Koutomo ; au Sud, par une longue bande de récifs qui, de l'île Alemène, se dirige sur Koutomo ; c'est le récif Kunio ; à l'Ouest, par des pâtés de coraux. Un canal resserré, à fonds inégaux, mais accessible pourtant à des navires d'un assez fort tonnage, permet d'aller de Vao à Kuto, en longeant la côte Sud de l'île. Du côté du Nord, un chenal étroit, long de 4 kilomètres, formé d'un côté par Koutomo, de l'autre par l'île et navigable seulement pour les embarcations, conduit dans la baie de Oupi, si pittoresque avec ses nombreux pâtés de coraux verdoyants.

C'est à Vao que débarquèrent, le 15 août 1848, les

missionnaires qui venaient s'établir à Kougnié, ils donnèrent à ce port le nom de baie de l'Assomption, en commémoration du jour où ils mettaient pour la première fois les pieds sur cette terre, qu'ils devaient conquérir à la civilisation et à la France : le nom indigène de Vao a prévalu. C'est aussi dans ce port que se trouvaient mouillés le *Phoque* et l'*Hérald*, au moment de la prise de possession. A l'arrivée du *Phoque*, les Anglais stationnaient là depuis quelque temps déjà. Des bouées, mouillées par eux, çà et là dans la baie, indiquaient qu'ils avaient commencé des travaux d'hydrographie.

Les navires venant de Nouméa peuvent arriver facilement à Vao en passant à l'Ouest des récifs qui séparent l'île des Pins de la grande terre.

Le port de Gadji est situé au Nord. Deux passes y conduisent : celle de Oupi et celle de Gadji. On mouille à un demi-mille de terre, par des fonds de 30 à 35 mètres, de sable et de corail, après avoir longé, quand on vient du Nord, un grand nombre d'îlots : Gie, Noëno, Tianoa, Noupaua, Ioupere, Ioupe, etc., etc.

Le port de Kuto, enfermé dans la baie de ce nom, est le seul mouillage fréquenté depuis que nous avons occupé la côte Ouest, c'est-à-dire depuis 1872.

D'une façon générale, l'île est constituée par un massif volcanique que domine le pic N'Gao (266 mètres d'altitude). Ce pic est situé au Sud de l'île, entre Vao et la presqu'île Kuto. Le massif volcanique central affecte la forme d'un vaste plateau allongé du Nord-Ouest au Sud-Est, sur une longueur de 12 kilomètres, et sur 5 kilomètres de largeur. Il mesure, en moyenne, 60 mètres au-dessus du niveau de la mer. Il est circonscrit à sa base par une zone étroite de terres cultivables, qui se confond insensiblement avec une ceinture madréporique, très large en certains endroits, dans le Nord-Est, par exemple, où elle dépasse 4 kilomètres. La ceinture madréporique n'est interrompue que sur un espace de 3 kilomètres, entre le village de Kaumagna et Vao sur la côte Sud.

Le plateau est aride; son sol ferrugineux est couvert de maigres fougères du milieu desquelles émerge, de distance en distance, pour la plus grande joie des yeux, une ravissante orchidée, d'un rose tendre, qui est en fleur durant presque l'année entière. La monotonie désolante de cette steppe véritable est interrompue, au centre du plateau, par une belle forêt, qui a fourni à la Déportation de nombreuses et précieuses essences pour l'ébénisterie, la menuiserie et la construction.

Le plateau occupe à peu près les 3/5 de la superficie totale de l'île.

Une particularité qui éveille à bon droit la curiosité du voyageur, c'est la présence, sur ce plateau, de tumuli qui font saillie, çà et là, comme des verrues, en différents points de cette vaste plaine. Ces tumuli ont tous la forme d'un cône arrondi à son sommet; leur hauteur dépasse à peine 1m20, leur base a 7 ou 8 mètres de diamètre ; ils sont jetés sans ordre, sans symétrie apparente. J'en ai compté plus de quarante. Leur masse est formée de la même poussière ferrugineuse qu'on foule partout sous les pieds. J'en ai fait ouvrir un sous mes yeux et je n'y ai rien trouvé qui pût en expliquer l'origine. Je ne sache pas que d'autres curieux aient été plus heureux que moi dans leurs recherches. J'ai, à ce sujet, interrogé plus d'une fois l'ancien chef Samuel et sa femme Hortense ; ils n'ont pu me fournir aucun renseignement. Le savant Père Lambert qui, pour écrire ses *Hypogées de l'île des Pins*, a fait appel à tous les souvenirs des indigènes les plus anciens, n'a rien recueilli sur ces étranges amas de terre. Ils garderont probablement toujours, dans l'épaisseur de leur masse, les secrets qu'y ont enfouis les premiers autochtones.

La zone cultivable représente à peine le sixième de la surface de l'île. Elle est constituée par une étroite bande d'humus et de terres arrachées par les pluies au versant du plateau. Dans sa plus grande largeur, cette zone n'atteint pas 2 kilomètres; elle a, en moyenne, 400 ou 500 mètres seulement. La portion la meilleure est située en bas du versant Est du plateau, sur le territoire réservé aux indigènes. Toute cette zone est admirablement arrosée par les nombreux cours d'eau qui descendent du plateau et vont se perdre dans le corail.

Sur la zone madréporique s'épanouit une luxuriante végétation. Le soleil des tropiques traverse avec peine ces épais ombrages. Ils donnent à l'île des Pins un charme incomparable, ressenti par tous ceux qui ont habité ce paradis océanien. Je laisse à d'autres, plus savants, le soin d'expliquer la formation de ce sol corallien, sur lequel existent à peine quelques centimètres d'humus, où le pied ne peut se poser sans se heurter aux pointes acérées du corail et où croit, pourtant, une des plus belles forêts qu'on puisse voir. C'est une succession infinie d'arbustes et d'arbres géants, aux essences très variées, reliés entre eux par un véritable lacis de lianes qui courent en tous sens dans un désordre superbe et barrent à chaque pas la route au promeneur qui veut pénétrer sous ces impénétrables ombrages. Le figuier des banians y domine; des scolopendres aux dimensions colossales étalent leurs belles feuilles vertes sur le sol, et rien ne trouble la paix profonde de la forêt que le roucoulement plaintif des pigeons notous, ou le vol lourd d'une roussette qu'on a réveillée au passage.

On évalue à 5,379 hectares la superficie couverte par les forêts.

Description topographique. — La côte Ouest constituant la région européenne, c'est par elle que nous commencerons la description topographique de l'Île des Pins.

Le territoire administratif s'étend du ruisseau de Gadji, au Nord, jusqu'à l'Ouest du village de Kaumagna au Sud. Il comprend une superficie totale de 3,999 hectares 62 ares 96 centiares, sur lesquels on trouve à peine 200 hectares de terres cultivables.

Ce territoire a pour limite, au Sud, la presqu'île Kuto, massif de corail de forme légèrement allongée du Sud-Est au Nord-Ouest, élevé de 8 à 10 mètres au-dessus du niveau de la mer et ayant à peu près 2,500 mètres de circonférence. Cette presqu'île est reliée au reste de l'île par un isthme étroit de 50 mètres à peine sur 100 mètres de longeur, resserré entre la baie de Kuto à l'Ouest et l'anse de Kanumera à l'Est. Sa position devant un port suffisamment fermé et sûr, la configuration de la côte qui en rend l'accès absolument impossible du côté du large, l'étroitesse de l'isthme si favorable à la défense ont fait choisir cette presqu'île, lors de notre établissement à l'île des Pins, comme poste militaire et siège de l'administration locale.

Voici, du reste, ce qu'écrivait en 1877, sur Kuto, un déporté, rédacteur d'un des journaux qui se publiaient alors à l'île des Pins :

« Sur un fond boisé d'où jaillissent quelques pins, on
« distingue des habitations dont les pieds sont baignés
« par les vagues. A voir, à l'extrémité de la presqu'île,
« ce long châlet avec ses frises découpées, son kiosque
« ajouré, ses vérandahs et ses balcons suspendus sur
« les flots, ne se croirait-on pas transporté sur les rives
« du lac Léman ou du lac d'Orta ?

« Quelle autre voix que celle de l'harmonie peut se
« faire entendre sous ce ciel si pur ? N'est-ce pas là
« l'asile de l'étude paisible et tranquille, loin des bruits
« du monde et de ses tourments ? Mais voyez ce mur
« qui s'élève à angles vifs ; des meurtrières y sont per-
« cées ; franchissez ce rideau de verdure ; derrière lui
« vous entendrez retentir les accents de la trompette,
« vous y verrez des casernes, des manutentions, des
« écuries, des champs de manœuvre ! Ce n'est plus,
« hélas ! le *buen retiro* du sage, c'est une ville de
« guerre, et, quelqu'un vous dira qu'une voix impla-
« cable a voulu prononcer sur ces lieux la sombre épi-

« graphe que le Dante a gravée sur l'Enfer : Laissez
« ici toute espérance. »

Les choses n'ont pas changé depuis que l'auteur de
ce sombre tableau a quitté la zone torride pour aller
administrer une de nos colonies les plus froides. Le mur
d'enceinte existe toujours, mais les meurtrières sont
bouchées de mousses et de lichens ; les casernes sont
toujours occupées par une compagnie de soldats d'infanterie de marine, dont les occupations guerrières
consistent surtout en d'amusantes parties de pêche ou
en promenades hygiéniques dans la forêt ; les clairons
retentissent encore, mais pour nous faire entendre leurs
rigodons les plus joyeux.

Dans la presqu'île Kuto habitent le commandant du
Pénitencier, qui est chargé en même temps de l'administration de l'île entière ; le médecin ; le capitaine commandant la troupe ; l'officier d'administration et quelques agents chargés des magasins. C'est aussi à la presqu'île que se trouve la boulangerie administrative qui
fournit du pain aux 2,000 rationnaires de l'île.

Toutes les habitations sont construites sur le corail ;
pour y avoir des jardins potagers on a dû apporter de
la terre de la plaine de Kaa, et cependant la presqu'île
entière est un parc ravissant où des allées tracées de la
façon la plus pittoresque se croisent en tous sens à l'abri
du soleil des tropiques, où banians, milnéas, kohus, pins
colonnaires et vingt autres essences se pressent, se
heurtent, s'enchevêtrent dans une véritable orgie de
verdure et d'ombrages. Ne pouvant s'enfoncer dans le
sol, les racines de tous ces arbres serpentent à la sur-

face, envoyant leurs radicelles dans les interstices de la roche corallienne où elles trouvent leur nourriture. C'est un prodige, une merveille de végétation ! Je vois encore près de la mer, du côté du large, devant une petite plage de sable où vient mourir le flot, un bloc de corail nu, de 3 ou 4 mètres cubes, sur lequel poussent vigoureusement un pandanus et deux araucarias !

Il n'existe aucune source à la presqu'île Kuto. L'eau nécessaire à l'alimentation et aux usages ménagers provient d'un réservoir situé à Uro, à 2 kil. 500 de la presqu'île.

A un mille dans le Sud-Ouest de Kuto se trouve l'îlot Bayonnaise, dont la toison épaisse de pins colonnaires commence à s'éclaircir considérablement sous la hache des bûcherons.

Au fond de la baie de Kuto et à un kilomètre de la presqu'île se trouve la plaine de Kaa; elle s'étend du bord de la mer jusqu'au pied du pic N'Gao qui la circonscrit du côté de l'Est. Elle est bornée au Nord par les contreforts du pic et au Sud par la forêt de la zone madréporique. Allongée de l'Est à l'Ouest, elle mesure environ 1,500 mètres et a, en moyenne, 400 mètres de longueur. C'est là que débarqua et s'installa en 1872 sous des tentes d'abord, sous des paillotes ensuite, le premier détachement d'infanterie de marine qui vint occuper l'île sous le commandement du lieutenant Boutin, qui est actuellement chef de bataillon et, en cette qualité, a pris une large part à la capture du roi du Dahomey.

Plus tard, on construisit, sur le bord de la mer, une

caserne et des écuries pouvant loger une brigade de gendarmerie. Puis, M. J. Higginson, dont on trouve le nom mêlé à toutes les choses calédoniennes, créa, en face de la gendarmerie, le premier magasin qu'on ait vu dans l'île. Cet établissement existe encore; après avoir plusieurs fois changé de propriétaire, il constitue aujourd'hui la cantine où un négociant choisi par l'Administration pénitentiaire vend aux relégués, sous l'œil vigilant d'un surveillant, des menues denrées et des objets divers.

Dans ces dernières années, les gendarmes ont été retirés de l'Ile des Pins; après avoir été occupée quelques mois par les femmes reléguées, vieilles et impotentes, la caserne est actuellement habitée par des surveillants militaires. Près de là, se trouve un camp de relégués, comprenant trois vastes cases en torchis et des dépendances.

Comme Kuto, Kaa reçoit son eau du réservoir d'Uro.

Toute la plaine de Kaa est constituée par un terrain sablonneux, recouvert d'une bonne couche de terre arable. Le maïs y pousse bien, mais nous pensons que ce serait surtout un excellent terrain pour la culture de la pomme de terre. Le cocotier, dans tous les cas, y viendrait admirablement; il trouve là son terrain de prédilection, si l'on en juge par les quelques échantillons qui subsistent près de la cantine, et je m'étonne que l'Administration pénitentiaire n'ait pas encore songé à tirer parti, de cette façon, de cette belle plaine en friche.

Uro est à 2 kilomètres de la presqu'île Kuto. C'était,

au temps de la déportation, la localité principale, le centre le plus important de l'île. Il en est encore de même aujourd'hui.

A gauche de la route, on voit le camp-dépôt de la Relégation; une prison cellulaire, avec cachots noirs, qui a été édifiée en 1891; l'école pour les enfants des deux sexes du personnel libre, et les ateliers de menuiserie, de charpente et de serrurerie.

A droite, une prison construite en 1882, et qui était destinée à recevoir les individus qui, libérés des travaux forcés, avaient encore à subir quelques mois ou quelques années d'emprisonnement. On y enferme aujourd'hui les relégués condamnés à une peine disciplinaire. A côté de la prison, se trouve un four à chaux et, plus haut, sur le versant du plateau, une scierie hydraulique fort bien montée. En face d'elle, a été construit le réservoir qui approvisionne Kaa et Kuto. L'eau provient, par une conduite à ciel ouvert, d'une sorte de petit lac situé sur le plateau, à 5 kilomètres au Nord d'Uro. Ce travail, d'une utilité considérable, a été exécuté en soixante-dix jours, pendant une période de sécheresse, par les déportés, sous la direction de M. Kay, capitaine du génie, chargé des travaux de la déportation.

A 500 mètres de la scierie, sur un mamelon bien exposé, de 35 mètres environ d'altitude, se trouve placé l'hôpital. Cet établissement hospitalier est un des mieux situés que je connaisse. Constamment balayé par la brise, de quelque côté qu'elle souffle, il domine toute la plaine d'Uro et la bande de forêt qui la sépare de la mer. Le coup d'œil est splendide. Sur l'île, le regard embrasse un espace de plus de 5 kilomètres. Au Sud, c'est la rade, c'est Kuto avec ses maisons perdues dans la verdure et ses longues colonnades de pins; c'est l'îlot Bayonnaise avec ses fines dentelures; devant, c'est l'île Moro et sa belle plage de sable qui enserre un bouquet verdoyant; plus loin, c'est la longue traînée blanche de la mer qui brise sur la ligne de récifs et là-bas, là-bas, fermant l'horizon au Nord, c'est la Nouvelle-Calédonie dont les plus hauts sommets, mont Dore, mont Mou, mont Humbold, se détachent, par les temps clairs, en une série de plans qu'estompe le soleil des tropiques; c'est l'entrée du canal Woodin avec l'île Ouen et le cap N'Dua. Quel merveilleux spectacle! Et que d'heures j'ai passées dans la contemplation de cet inoubliable panorama, devant cette grande mer bleue dont l'azur se fond, par places, en tons d'une douceur infinie partout où les madrépores vivants viennent affleurer la surface.

Tel qu'il est aujourd'hui, l'hôpital se compose de quatre belles salles, placées parallèlement deux à deux et pouvant recevoir 120 malades. Perpendiculairement au parallélogramme ainsi formé se trouvent, du côté Sud, un bâtiment contenant la salle de consultations et un logement de surveillant; du côté Nord, la pharmacie et deux chambres destinées à recevoir les surveillants et les militaires malades.

Au-dessus de ce dernier bâtiment, est l'église surmontée d'un élégant clocher et dans l'intérieur de laquelle on voit un autel en bois de kohu fort artistement sculpté, il y a quelque vingt ans, par un déporté.

Près de là, sur un mamelon plus élevé que l'hôpital, on a établi, depuis 1888, un télégraphe optique qui communique avec le cap N'Dua, au Sud de la Nouvelle-Calédonie. Il a donc une portée d'environ 30 milles. Ce moyen de communication n'est malheureusement pas pratique par tous les temps; il présente encore cet inconvénient qu'une oreille exercée peut très bien, du pied du mamelon, percevoir les bruits de l'appareil et, par conséquent, les interpréter avec autant de facilité qu'un télégraphiste quelconque interprète les télégrammes au bruit seul du manipulateur. Ne pourrait-on donc pas, tout en conservant « l'optique » pour les affaires courantes, relier l'île des Pins à la grande terre par le moyen de pigeons voyageurs? La dépense serait peu considérable et les résultats certainement satisfaisants. J'ai vu, aux Fidji, les Anglais employer ces messagers si rapides pour leurs communications entre le chef-lieu Suva et plusieurs îles de l'Archipel; ils n'ont qu'à s'en louer.

En bas de l'hôpital, se trouvent trois beaux logements habités actuellement par l'aumônier et par deux surveillants.

A 100 mètres de là, dans la plaine, l'Administration pénitentiaire a établi le dépôt des femmes reléguées. Elles sont, à la date où j'écris, au nombre de 222, logées dans trois beaux bâtiments en maçonnerie, et surveillées par dix sœurs de Saint-Joseph de Cluny. Parmi les annexes, se trouve une infirmerie pouvant recevoir vingt malades.

Une barrière en bois — barrière morale — entoure le dépôt des femmes qui est limité, du côté de l'Ouest, par la route principale.

De l'autre côté de cette route, se trouve la ferme d'Uro. La création de cet établissement agricole remonte au mois de juillet 1873. On y affecta 14 hectares. On commença d'abord par l'ensemencer de maïs et de plantes maraîchères. Un agent de cultures, M. Bougier, venu quelques mois après, s'attacha à introduire dans cette ferme, qui devait être une ferme modèle, les plantes intertropicales encore inconnues dans l'Ile. Il essaya le café, le vétiver et le tabac. Mais l'administration ne tarda pas à s'apercevoir que les résultats obtenus ne répondaient pas à ses sacrifices. On remplaça l'agent de cultures par un surveillant militaire et les plantes tropicales par des légumes d'Europe destinés à alimenter l'hôpital.

Les choses en sont encore là aujourd'hui. On a annexé à la ferme une vacherie qui, non seulement suffit aux besoins de l'hôpital, mais qui fournit encore du lait à 0 fr. 40 c. le litre aux fonctionnaires de tout ordre qui en font la demande.

Un ruisseau, que les déportés avaient pompeusement décoré du nom de fleuve Uro et qui est à sec une bonne partie de l'année, limite au Nord les terrains de la ferme. Parti d'une gorge pittoresque formée par le plateau central et les contreforts du pic N'Gao, il contourne le mamelon de l'hôpital, longe, au pied de l'église, une petite plaine jadis couverte de niaoulis et dans laquelle est le cimetière des déportés, puis il va se perdre, derrière la ferme, dans la forêt du bord de mer.

Ainsi que nous le verrons en continuant cette étude, les cours d'eau sont nombreux à l'Île des Pins, mais, par suite de la constitution géologique de l'île, aucun d'eux ne va, ostensiblement, se jeter à la mer. Tous, en arrivant sur le sol coralligène disparaissent presque subitement, comme s'ils étaient absorbés par des éponges géantes, ou bien s'engouffrent dans les grottes dont nous aurons à parler plus tard.

Poursuivons notre route. Après avoir traversé, à 1,500 mètres du ruisseau d'Uro, un petit cours d'eau qui, comme le précédent, se perd dans le corail, on arrive, après plus de 2 kilomètres de chemin, à la rivière des Anguilles. Cette rivière, une des plus belles de l'île, descend du plateau où elle est alimentée par le lac minuscule qui approvisionne Uro, Kaa et Kuto, au moyen de la conduite d'eau dont nous avons parlé. Près de la route, elle tombe en cascade dans un bassin profond du plus charmant effet et va, non loin de là, se perdre dans un marais. A 300 mètres de la rivière, est établi un camp de relégués : c'est le camp de Koëville. On l'appelait le 2ᵉ groupe au temps de la déportation. Il est habité par tous les vieillards et les impotents de la relégation, et traversé par un ruisseau à courant très rapide qui va se jeter dans le marais de la rivière des Anguilles.

Tous les terrains compris entre Uro et Koëville sont de médiocre valeur. A l'Est, la route longe le versant si aride du plateau ; à l'Ouest, une étroite bande de terre de quelques dizaines de mètres seulement, la sépare de la zone madréporique. C'est à peine si l'on pourrait utiliser pour la culture quelques ares situés à un kilomètre avant d'arriver à Koëville. Mais on voit encore, de ci, de là, quelques bouquets de cocotiers de belle allure et de bon rapport ; ce sont les témoins muets mais vivaces des époques passées, du temps où les indigènes habitaient cette côte et avaient là leurs cases enfouies au milieu des grandes herbes sauvages disparues, hélas ! depuis l'arrivée des blancs.

Puisqu'on ne peut tirer aucun autre parti de ces terrains, pourquoi ne pas les planter en cocotiers ?

Le camp d'Ouameu, 3e groupe au temps de la déportation, est situé à 7 kilomètres de Kuto. Il est occupé par une centaine de relégués sous la garde de deux surveillants. Établi sur le versant du plateau, il est séparé de la zone madréporique par une large bande de terrains arables. La culture qui semble y donner les meilleurs résultats est celle du haricot. Un cours d'eau passe en bas du camp.

Tout l'espace compris entre Koëville et Ouameu, à gauche de la route, me paraît bon à toutes sortes de cultures.

Quelques vieillards et impotents de Koëville ont fait là des jardins qui donnent des produits superbes.

Ouaméo est un camp de relégués placé à 10 kilomètres de Kuto, à l'endroit même où était établi le 4e groupe de la déportation. Il est dans une situation très pittoresque entre le plateau et la forêt. Du camp, la vue s'étend sur le large. C'est l'endroit de la côte Ouest où l'on trouve la plus grande quantité de bons terrains. L'administration pénitentiaire les utilise à la culture du maïs et des haricots. Les plantes maraîchères y viennent bien.

Toute la région comprise entre Ouamou et Ouaméo est arrosée par plusieurs petits ruisseaux ; on y pourrait faire de bons jardins.

A 3 kilomètres au Nord de Ouaméo coule la rivière de Gadji. Elle limite le territoire que s'est réservé l'Administration. Un peu avant d'y arriver on voit, à droite de la route, des bâtiments en ruines. Ce sont les restes des logements des surveillants qui gardaient le 5ᵉ groupe de la déportation. A cet endroit on avait établi les Arabes déportés qui, sur ces terrains maigres et couverts de fougères, se livraient à l'élevage des chèvres et à la fabrication des fromages.

La forêt de l'Ouest se continue de Kuto jusqu'à Gadji où elle se confond avec la forêt du Nord. Elle n'est interrompue que deux fois dans ce long espace de 15 kilomètres :

1° A Kaa sur une longueur de cent mètres à peine ;

2° A la hauteur du 4ᵉ kilomètre, devant une baie charmante parsemée de corbeilles de corail couvertes d'une luxuriante végétation. On l'appelle « Baie des Corbeilles » et aussi « Baie de la Reine ». Elle est excessivement poissonneuse.

Par le travers du camp de Ouamou, la forêt laisse entre elle et la mer un terrain de quelques hectares d'une belle fertilité. A cet endroit se trouvait établi, au temps de la déportation, un poste militaire dont on ne voit plus que les ruines, à l'orée du bois qui mesure environ 2,800 mètres de largeur depuis la mer jusqu'au camp.

La forêt est sillonnée de routes habilement tracées qui en font une adorable promenade. La route centrale, carrossable dans toute son étendue, s'enfonce dans le bois à la baie des Corbeilles et s'en va, presqu'en ligne droite, jusqu'à l'ancien poste militaire de Ouameu. Elle traverse, dans son parcours, trois ronds-points délicieux de chacun desquels rayonnent de ravissantes allées conduisant à la mer et aux différentes localités : Koëville, Ouameu et Ouaméo.

C'est tout près de l'une de ces allées, devant la belle et vaste baie d'Ouameu, que Rastoul et ses compagnons construisirent l'embarcation qui devait servir à leur évasion. Elle fut engloutie avec tous ceux qui la montaient, en mars 1877.

En résumé, le territoire de la côte Ouest s'étend sur une longueur de 12 kil. 600 mètres. Une route excellente le parcourt d'une extrémité à l'autre. De cette route se détachent, à gauche en allant vers Gadji, un très grand nombre d'embranchements aboutissant aux ronds-points signalés plus haut pour se rendre à la mer. A droite on trouve : à Kaa, l'amorce de la route qui, longeant la côte Sud, traverse la Mission de Vao et contourne le plateau pour venir rejoindre la route principale au ruisseau de Gadji; elle est carrossable dans toute son étendue.

Entre Koëville et Ouameu, deux routes, également carrossables escaladent le plateau. La première, à peu près abandonnée aujourd'hui, servait à l'exploitation des bois qu'on retirait de la forêt du plateau. La seconde vient d'être faite tout récemment : elle part du camp d'Ouameu et traverse le plateau presque en ligne droite pour aboutir devant le village d'Ouamagnie, où l'on va admirer une des plus belles grottes qu'il soit possible de voir.

A Ouaméo se détache aussi, de l'artère principale, une route qui monte sur le plateau et se dirige sur Ouapan où elle rejoint la route circulaire.

Enfin, sur le plateau même, se croisent en tous sens de très nombreux sentiers tracés par les indigènes pour relier entre eux les différents points de l'île.

Les voies de communication ne manquent donc pas à l'Ile des Pins ; mais, si elles sont bonnes, sûres et faciles, on peut à bon droit se demander quelle est leur utilité dans cette île pour ainsi dire inhabitée et, dans tous les cas, improductive pour le moment, et pourquoi on a dépensé à ces travaux tant de soins et tant d'argent, alors que la Nouvelle-Calédonie n'a pas encore, depuis 42 ans que nous l'occupons, une route carrossable de Nouméa à Bourail, soit 178 kilomètres ?

La réponse est facile : depuis 22 ans qu'elle s'est établie en souveraine à l'Ile des Pins, l'Administration pénitentiaire a disposé d'une main d'œuvre véritablement formidable agglomérée sur un espace relativement restreint. A quoi occuper ces milliers de bras ? Tandis qu'un petit nombre était employé aux travaux d'installation et à la construction de bâtiments toujours insuffisants par suite des arrivages incessants, on a occupé le reste à tracer des routes, ne sachant, ne pouvant ou ne voulant pas lui faire rendre un travail plus réellement utile. Et, d'ailleurs, ne fallait-il pas procurer aux fonctionnaires de l'île et aux personnages de marque de passage à Kougnié les moyens d'aller, sans trop de fatigues, visiter l'île dans ses moindres recoins?

Quoi qu'il en soit, et sans faire entrer en compte les routes complètement inutiles faites dans ces dix dernières années, l'île des Pins était sillonnée, en 1880, par 139 kil. 323 mètres de routes, ainsi qu'il ressort des chiffres suivants fournis par le capitaine du génie, directeur des travaux :

Route principale..........	12 k. 600
Territoire militaire........	6 250
Territoire indigène.........	31 400
Territoire de la déportation.	83 073
Chemin de fer américain (1).	3 000
Total..........	139 k. 323

Continuons notre étude topographique par le côté Sud. En quittant le camp de Kaa, la route côtoie la plaine, coupe un champ de tir de 1,000 mètres de profondeur, s'enfonce dans la forêt où elle fait de capricieux détours pour contourner des arbres centenaires qu'on a voulu conserver, puis elle arrive à un marais stagnant, au pied du pic N'Gao, et qui marque la limite du territoire indigène.

---

(1) Ce chemin de fer qui reliait le débarcadère de Kuto aux ateliers d'Uro n'existe plus depuis 1882.

A partir de ce marais elle court, en corniche, sur le flanc du plateau. Elle le suit dans ses pittoresques découpures. De là, jusqu'à Vao, la promenade est un véritable enchantement. Après avoir traversé le ruisseau de Kaumagna, qui, dans les saisons pluvieuses, dégringole, torrentueux, du pic N'Gao pour venir se perdre dans les sables du rivage, la vue s'étend sur un inoubliable panorama. Des cultures canaques : ignames, patates douces, cannes à sucre et bananiers se déroulent à vos pieds dans un amoncellement de brousse sauvage où domine un hélianthe aux larges feuilles d'un vert sombre. Dans une touffe épaisse de cocotiers on aperçoit les sommets de chaume des cases du village de Kaumagna; devant lui, deux îlots, Duroc et Aventure, hérissés de pins colonnaires et bientôt reliés entre eux par une étroite bande de corail vivant, qui affleure le niveau de la mer; puis, ce sont les récifs aux tons multicolores; ils se couronnent d'une mousse neigeuse à la moindre houle; puis, plus loin, l'île Alcmène et le grand récif du Sud; puis enfin Koutomo, cet îlot étrange, avec sa forme en fer à cheval, sa profonde baie de Gû et sa parure d'araucarias.

La route traverse de nombreux petits cours d'eau qui descendent du plateau et vont se perdre dans le sable après avoir arrosé les plantations indigènes. Tout le long du rivage, des cases canaques ombragées de cocotiers et enfin les villages de Mouiné et de Kéré, si pittoresquement placés devant deux blocs de corail dénudés et noirâtres qui donnent, de loin, l'impression de deux monstres marins.

La route tourne brusquement à gauche ; on est arrivé à la Mission de Vao. Nous donnerons, dans notre étude historique, quelques renseignements sur l'établissement des missionnaires à Vao en 1848. Pour le moment, voyons ce qu'est devenue aujourd'hui la Mission après quarante sept années d'existence.

Les Pères maristes possèdent là une vingtaine d'hectares de terrain de qualités bien différentes : les bons terrains cependant y dominent. Cette propriété leur a été concédée par un arrêté du gouverneur de la Nouvelle-Calédonie, en date du 23 avril 1855. Trop occupés, pendant les premières années, à rallier les indigènes à la foi catholique, il y a vingt ans à peine qu'ils ont commencé à mettre leurs terrains en rapport. Dans le vaste jardin potager de la Mission se trouvent tous les légumes des jardins européens ; les Petits Frères de Marie, qui s'occupent de ce jardin, y ont introduit le figuier de France en le greffant sur un figuier indigène.

La Mission de Vao est placée sous la direction du R. P. Lambert, un savant doublé d'un causeur aimable, qui porte allègrement le poids de ses 73 ans. Il a avec lui, pour le seconder dans son ministère, un autre Père mariste. Trois frères sont chargés de l'école des garçons et de la surveillance des travaux qu'on fait exécuter aux enfants indigènes. Une sœur du Sacré-Cœur dirige l'école des filles.

Cette dernière école, telle que nous la voyons aujourd'hui, à l'entrée de la Mission, a été construite en 1882. C'est un beau bâtiment en maçonnerie, élevé d'un étage. Au rez-de-chaussée sont situés le réfectoire et les salles de classe ; au-dessus est le dortoir. En octobre 1894, 130 filles de sept ans et au-dessus fréquentaient assidûment l'école. Elles y restent généralement jusqu'au moment de leur mariage. On leur apprend à lire, à écrire, à compter. L'inspection de leurs cahiers de devoirs laisse une excellente impression. En dehors des heures de classe, on les occupe à des travaux de couture et aussi à l'entretien des plantations.

L'école des garçons qui, jusqu'en 1893, était une modeste et étroite case en bois, est maintenant un grand bâtiment, de fort belle allure, construit par les indigènes, sur les plans et sous la direction du R. P. Rozier, un architecte de valeur. Ce bâtiment s'élève à 200 mètres de l'école des filles. Il se compose, au rez-de-chaussée, des appartements des frères et des salles de classe. Le dortoir, situé au premier étage, peut facilement abriter plus de cent enfants. Toutes les règles de l'hygiène y sont observées.

Les garçons, comme les filles, reçoivent une instruction primaire très suffisante. On les occupe, en outre, à différents travaux manuels ; ils sont exercés aux métiers de charpentiers, de menuisiers, de maçons, de forgerons, conduisent les bœufs au labour, entretiennent le jardin et les plantations.

A côté de l'école des filles se dresse l'église. L'autel est adossé au plateau ; la porte d'entrée s'ouvre sur une jolie place, au milieu de laquelle est érigé un calvaire.

Sur le plateau, au-dessus de l'église, dominant tous les environs, s'élève une petite chapelle, placée sous l'invocation de Notre-Dame de la Salette : c'est un lieu de pélerinage pour les indigènes. Près de là est le cimetière où a été enterré le R. P. Goujon.

Non loin de l'église est le presbytère, auquel on arrive après avoir parcouru un joli verger où se pressent manguiers, pêchers, bananiers et orangers.

L'eau ne manque pas à Vao, et les Pères en ont profité pour installer, depuis longtemps, une scierie hydraulique, où ont été débités tous les bois nécessaires aux constructions Les missionnaires sont parvenus, à force de patience, à former, avec les jeunes indigènes, des ouvriers menuisiers et charpentiers qui se tirent avec honneur de la tâche qu'on leur donne à remplir.

A côté de la scierie, on voit une étable qui abrite un petit nombre de vaches laitières. Les fromages de la Mission sont très estimés des amateurs. Deux fois par semaine, le mercredi et le samedi, les Frères chargent un indigène de venir offrir aux fonctionnaires, à des prix modérés, les différents produits de la ferme et du jardin : beurre, fromage, asperges, artichauts, etc.

Devant l'école des garçons, et séparée d'elle par le jardin potager dont nous avons parlé plus haut, et par un ruisseau où coule, durant toute l'année une eau vive et limpide, on voit l'habitation du chef indigène Abel. C'est une maison rectangulaire, construite à l'européenne, avec vérandah sur les quatre faces. En revoyant cette demeure, je songe au temps où l'ancienne cheffesse Hortense faisait les honneurs de son logis avec tant de bonne grâce et d'aménité ! Elle est habitée aujourd'hui par Abel et sa femme. S'ils comprennent le français, ils ne le parlent guère l'un et l'autre, et jamais Abel n'oserait se présenter devant un visiteur européen, sans être flanqué de son interprète, de son premier ministre, comme on dit ici, le malin Alphonse.

Quand, sortant de la maison d'Abel, on se dirige vers la mer, on arrive après 500 ou 600 mètres de marche, à une belle plage de sable qui limite au Nord le port de Vao. C'est là que stationne le plus souvent la flotte ind. ne, composée de superbes pirogues, dont nous aurons à parler plus tard.

Le village de Vao s'étale à gauche de la route qui fait le tour de l'île ; il commence à côté de l'école des garçons et s'étend en une longue suite de cases pour se terminer par les villages de Bourdia et de Oudia. On peut dire que tous les indigènes catholiques de l'île des Pins résident à Vao. Ils n'habitent les autres villages que temporairement, au moment des cultures, des moissons et de la récolte du coprah.

Il nous reste maintenant à décrire toute la région de l'île qui s'étend à l'Est entre Vao au Sud et les îlots Kunguati, Ouaté, Ouagé et Ouatomo d'une part, et le port de Gadji au Nord, d'autre part.

En quittant le village d'Oudia, la route suit, en plaine, la base du plateau, après avoir passé devant différents villages : Kami, Djao, Kamoé, Yoma, Krouya, etc., tous arrosés par de nombreux cours d'eau ; elle coupe un mamelon et tombe à Ouadchia, où elle traverse un magnifique ruisseau.

Dans ce parcours d'une dizaine de kilomètres, la zone cultivable a, en moyenne, 1,000 mètres de large. Les indigènes y récoltent de belles ignames. Toutes les portions en friche, couvertes de magnagna et de grandes herbes témoignent de la vigueur de la végétation. Les villages sont enfouis au milieu des cocotiers, des orangers et des arbres à pain.

A gauche, l'horizon est borné par le versant du plateau tapissé ici comme partout d'une brousse maigre et chétive où domine la fougère.

A droite, la vue est arrêtée par les grands arbres de la forêt qui, dans cette région, atteint à peine 1 kilomètre de largeur. Un seul sentier bien frayé le traverse : il part de la route principale, coupe le village de Krouya et vient aboutir à la mer, à Maréo, où se trouvent quelques plantations.

Un peu avant d'arriver au ruisseau d'Ouadchia s'élève, sur le versant du plateau, un calvaire. Les Pères maristes avaient établi là une mission aussitôt après l'arrivée des indigènes exilés à l'île des Pins.

Ces exilés se sont installés sur les terrains compris entre Ouadchia et Ouamagnie. Ils ont formé là un certain nombre de villages dont les principaux sont, après Ouadchia, Saint-Joseph, Jacobo, Saint-Jamo. Nous aurons plus loin l'occasion de dire comment ils y vivent, comment ils s'occupent ; bornons-nous, dans ce chapitre, à constater que, contrairement aux habitudes des Kougniés qui choisissent de préférence la plaine pour bâtir leurs demeures, les exilés ont édifié leurs cases sur les hauteurs. Rien n'est pittoresque, par exemple, comme le village d'Ouadchia avec ses cases étagées sur les aspérités d'un immense bloc de corail qui se dresse, verdoyant, à la limite de la forêt. De nombreux cocotiers les ombragent, et, à voir l'empressement des habitants à offrir du lait de coco au voyageur altéré, on ne se douterait pas que ce sont ceux-là mêmes qui, en 1878, ont commis à Bouloupari, La Foa, Poya, etc., les monstrueuses atrocités dont les colons calédoniens n'ont pas encore perdu le souvenir.

Toute cette région est très riche en excellents terrains. C'est une bande étroite, mais elle est très fertile, bien arrosée et je crois que c'est un des rares points de l'île où l'on pourrait, avec profit, se livrer à la culture du café.

Nous arrivons à Ouamagnie. A 500 mètres à peine du village devant lequel passe la route, se trouve une des plus belles grottes qu'il soit possible de voir. Tous les terrains traversés pour en gagner l'entrée sont de qualité parfaite et arrosés par un ruisseau qui va se perdre dans la grotte même. Dans ces derniers mois, l'autorité locale a fait faire une route carrossable conduisant jusqu'à l'ouverture majestueuse de cet admirable hypogée. On y a, certes, gagné en confortable, et les touristes, avides de belles choses, peuvent désormais descendre de voiture pour entrer immédiatement dans la grotte, mais on y a considérablement perdu en pittoresque.

Si nous continuons notre route vers le Nord, nous arrivons, après avoir parcouru 3 kilomètres environ, à l'ancien poste de gendarmerie de Ouapan. Tout le territoire de Ouapan est une vallée du plus riant aspect et lorsqu'on la regarde du haut du plateau, l'œil est émerveillé de la beauté du panorama.

La caserne de gendarmerie se composait d'un grand bâtiment en maçonnerie construit tout près d'une grotte dont les dimensions sont beaucoup plus restreintes que celles de l'hypogée de Ouamagnie.

A l'heure actuelle, cette caserne est occupée par un surveillant militaire lequel, assisté d'un canaque, garde un camp d'une quarantaine de relégués occupés aux travaux de route.

A cent mètres à peine du camp est le village indigène d'Ouapan, presque tout entier ombragé par un banian gigantesque autour duquel les cocotiers poussent à profusion. Les terrains y sont très fertiles.

Deux sentiers bien ouverts partent de Ouapan, traversent la forêt qui, à cet endroit, a 3 kilomètres environ de largeur et vont aboutir à la mer.

Jusqu'à l'année dernière, si l'on voulait, en quittant Ouapan, continuer à marcher vers le Nord en suivant le versant du plateau, il fallait aller à pied ou à cheval en parcourant un sentier à peine tracé et, après de grandes difficultés, on pouvait arriver au ruissseau de Gadji. Aujourd'hui, on peut parcourir en voiture, sur une bonne route, les 6 ou 7 kilomètres qu'embrasse cette région. Elle est absolument inhabitée. On ne voit, dans ce parcours, aucune trace de villages ni de cultures. Il est vrai que la zone madréporique semble se confondre ici avec le massif éruptif, mais tout cela est si vert, si accidenté, si pittoresque, qu'on est tenté de passer de longs moments devant la magnificence du spectacle.

A 300 mètres avant d'arriver au ruisseau de Gadji, un chemin carrossable part de la route principale et va se terminer à la mer. Avant d'entrer dans la forêt, ce chemin est bordé à gauche par de nombreuses cases indigènes et par des plantations de toutes sortes ; enfin, après un parcours de 3 kilomètres, il débouche dans un bois de cocotiers qui se déroule sur la côte.

On trouve à cet endroit, près de la mer, une véritable curiosité archéologique. C'est une forteresse en bois construite par le chef Vandégou à son retour d'une expédition triomphale chez les Touaourous, tribu du Sud de la Nouvelle-Calédonie. Magnifique citadelle dont les murailles sont formées de troncs d'arbres énormes accolés l'un à l'autre, la forteresse de Gadji subsiste encore pour témoigner du génie guerrier des anciens habitants de l'île. Son entrée, sinueuse, a été percée dans un banian gigantesque dont les branches s'étendent sur la fortification et ses dépendances. Grâce aux souvenirs très précis de plusieurs indigènes, grâce aussi au R. P. Lambert, qui en a donné une bonne description, nous savons que la citadelle bâtie par le père d'Hortense se composait de quatre cours communiquant entre elles par un couloir tortueux.

Dans la première cour se dressaient deux cases : une pour le chef, l'autre pour ses familiers.

La seconde cour constituait le magasin des approvisionnements.

La troisième était le gynécée,

Enfin, dans la quatrième on élevait les jeunes filles destinées au chef.

En dehors de la fortification se trouvaient, à gauche, la grande case des réunions ; à droite, la case de réception : elles sont aujourd'hui en ruines. Les murailles de la forteresse subsistent encore, mais le temps et la moisissure y ont pratiqué plusieurs brèches faciles à réparer en remplaçant les troncs d'arbres vermoulus. M. le gouverneur Feillet s'est préoccupé de faire restaurer ce curieux monument d'un autre âge et, à sa demande, le chef Abel s'est mis à ce travail.

De Gadji jusqu'à Vao la côte est formée de coraux à peu près inaccessibles, à part quelques endroits où l'on rencontre de petites plages de sable Les îlots avoisinants sont nombreux et il serait oiseux de les énumérer. Tout à fait à l'Est se trouve une longue presqu'île madréporique en forme de bec d'oiseau. Je ne lui connais pas de nom particulier. Elle s'allonge dans la direction de Koutomo et limite avec cet îlot la baie de Oupi toute parsemée de pâtés de coraux du plus curieux effet.

On peut certainement évaluer à plus de 4,000 hectares la superficie de la forêt qui couvre les régions Est et Nord de l'île des Pins. On y trouve, par endroits, de petites clairières où les indigènes ont placé quelques plantations ; mais, d'une façon générale, c'est la forêt vierge dans toute l'acception du mot et l'esprit reste confondu devant les richesses forestières accumulées sur cet immense espace.

Nous avons plusieurs fois parlé des grottes au cours

de ce chapitre. Il est utile de consacrer quelques détails à ces cavités si curieuses, souvent étonnantes par leurs dimensions gigantesques.

On les rencontre toutes dans la région madréporique et l'on pourrait presqu'affirmer, *a priori*, que tout le sous-sol de cette zone est une succession à peu près ininterrompue de ces grottes superbes qui frappent le voyageur d'une religieuse admiration.

Comment se sont-elles produites? Les madrépores vivants de l'époque actuelle se chargent de nous répondre. Faisons, par temps calme, une promenade en pirogue sur les hauts fonds où le corail vient affleurer la surface et nous aurons bien vite une idée très nette de la formation de ces prodigieux phénomènes. Que voit-on, en effet, au-dessous de soi, lorsque la mer unie comme un miroir permet à l'œil de pénétrer jusque dans ses profondeurs? Des arbres colosses, travail gigantesque des infiniment petits, envoyant de toutes parts des ramures géantes qui s'enchevêtrent avec les ramures des arbres voisins. Leurs capricieux entrelacements donnent naissance à des décors aux aspects et aux couleurs variés à l'infini, à des alvéoles monstrueuses, à des cavernes insondables où grouille tout un monde : poissons de toutes formes et de toutes nuances, coquilles entr'ouvrant leurs valves puissantes ou soulevant leurs opercules multicolores, crustacés voraces qui ont établi là leur habitation préférée.

Écoutez cette histoire racontée par le R. P. Lambert :

« Un jeune homme part en plein jour pour la pêche

des langoustes. Il plonge dans une caverne où ces crustacés abondent. S'étant un peu attardé pour faire plus ample provision, il se sent pressé par le besoin d'air. Il remonte à la hâte, mais il se trouve arrêté par les pointes du corail car il s'est trompé d'ouverture. L'amour de la vie lui fait faire un effort suprême. Il parvint à se dégager, mais il avait la poitrine et le dos largement scarifiés par les aspérités du récif. Si l'ouverture avait été un peu plus étroite, il restait pris comme entre les dents d'un requin. »

Écoutez encore ces lignes si éloquentes de M. de Beauvoir :

« Les branches de l'animal-arbre, prenant naissance au fond de la mer, s'enlacent et se tordent entre elles comme les lianes d'une forêt; d'un tronc unique s'échappent mille rameaux gonflés de molécules pierreuses et vivantes : cette forêt sous-marine s'élève, elle atteint bientôt de ses branchages multiples la surface des lames; le soleil et l'air les tuent à leur extrémité : les algues marines, qui flottent à fleur d'eau, s'enchevêtrent dans ce sommet mourant d'un arbre vivace, un tissu se trame : c'est un barrage sur lequel s'accumulent les herbes et les bois errants; un sol moitié sable, moitié terreau, en est formé, et l'île couverte d'arbustes verts semble une large oasis flottante, toute épanouie et reposant sur le branchage multiple d'un seul arbre de pierre. »

Cette belle description donne l'image fidèle de la forêt sous-marine qui entoure l'île des Pins et supporte tous les îlots voisins de la côte. Elle permet de comprendre facilement comment, soit par suite du retrait des eaux, soit par un travail incessant de poussée de bas en haut, soit comme conséquence d'une éruption violente, ces massifs coraillés, une fois émergés, présentent dans leur épaisseur ces lacunes qui forment les grottes dans lesquelles nous pénétrons aujourd'hui. La roche qui les constitue est une pierre calcaire composée de fragments de coquilles et de lithophytes agglutinés par un ciment d'une consistance au moins égale à la leur. Quelquefois on observe des masses considérables de madrépores dont les intervalles sont remplis par de moindres débris; par endroits ces masses sont brisées, comme émiettées; ailleurs elles sont restées compactes et l'on peut y découper d'énormes pierres de taille qui, exposées à l'air, arrivent à acquérir la dureté du granit.

Les grottes sont nombreuses à l'Ile des Pins. Le système même de leur formation démontre quelle doit être la diversité de leurs formes et de leur situation. Celle-ci ne présente à la surface du sol qu'une étroite ouverture par laquelle il faut pénétrer pour descendre dans une vaste salle; l'obscurité la plus profonde règne de toutes parts; le silence est troublé seulement par la chute intermittente des gouttes d'eau tombant de la voûte ou le murmure monotone d'un ruisseau coulant dans les profondeurs.

Pour entrer dans celle-là il faut escalader les aspérités de la roche de corail, se glisser en rampant dans un couloir tortueux pour arriver alors dans une chambre monumentale où un demi-jour mystérieux permet à peine de se guider.

Ici, c'est un trou, un précipice : il s'ouvre béant, sous vos pas. On se penche, anxieux, sur le bord du gouffre pour en sonder la profondeur et l'œil reste ébloui devant les splendeurs végétales qui en tapissent les parois.

Plus loin, c'est une véritable entrée de cathédrale, un portail géant taillé dans le roc même par des architectes colosses; ce sont des frises, des découpures, des colonnes aux formes et aux dimensions surhumaines. Le travail des siècles écoulés a contribué à leur ornementation en les recouvrant des teintes les plus variées; des fougères et des mousses remplissent les moindres anfractuosités; çà et là descendent sur la façade du portique les racines adventives des banians et cela fait songer à d'énormes câbles prêts à mettre en mouvement les cloches monstrueuses qui doivent être cachées, là-haut, dans ce ruissellement de lumière et de verdure, pour chanter d'une voix éclatante la majesté du lieu! Et quel enchantement si on pénètre sous ces voûtes! Leur plafond de corail scintille comme un ciel étoilé. A mesure qu'on s'avance, l'obscurité se fait, des torches sont nécessaires et l'on marche alors dans la fantasmagorie des ombres qui vont, viennent, s'allongent, se rappetissent, donnant aux objets environnants les aspects les plus formidables, dessinant autour de vous les silhouettes les plus fantastiques.

Les anciens indigènes avaient fait de ces grottes leurs cimetières, leurs lieux sacrés, j'allais dire leurs temples. Je n'ai jamais pénétré dans aucune d'elles sans trouver dans quelque recoin, dans quelque niche, un squelette ou des fragments de squelette. La tête est toujours séparée du tronc. Les crânes, en effet, étaient, de coutume, portés dans les hypogées spécialement affectés aux sacrifices et aux invocations. Dans certaines grottes, dans celle d'Ouapan, par exemple, on rencontrait des crânes presque à chaque pas. Ces lieux sacrés portaient le nom de Ko-viare (pour prier) ou encore celui de Ko-tsitéré (pour l'offrande). Ils étaient toujours choisis à proximité d'un village. Chaque grande famille possédait le sien.

La grotte d'Ouapan était donc, selon toute vraisemblance, un Ko-tsitéré, tandis que celle d'Ouamagnie, située à 3 trois kilomètres de là, était simplement un cimetière. Tout dernièrement, en la visitant pour la vingtième fois peut-être, j'y ai trouvé, sur une corniche suspendue à plus de 15 mètres de hauteur, un squelette de femme.

Certaines grottes avaient, dit-on, la propriété de conserver intacts les corps qu'on y déposait. Je n'ai pu constater le fait, mais le R. P. Lambert affirme avoir trouvé des fragments de cadavres encore recouverts de leur épiderme desséché dans l'hypogée de Ko-mé-méré, nom indigène signifiant « qui tue les oiseaux ». Cette appellation lugubre vient de ce que le sol de cette grotte est jonché d'un tas d'ossements provenant d'une petite chauve-souris qui habite les cavernes. Les Canaques ont vu là des ossements d'oiseaux. Pour eux, tous les oiseaux voltigeant au-dessus de la grotte étaient frappés de mort : de là ce nom de Ko-mé-méré.

Il serait trop long et d'ailleurs trop difficile de décrire toutes les grottes connues à l'île des Pins. Chacune d'elles, presque, a son histoire racontée de la façon la plus pittoresque par le R. P. Lambert (1). Nous renvoyons le lecteur à ces *Hypogées*, magnifique travail tout rempli des détails les plus précis et les plus intéressants sur les superstitions des indigènes de Kougnié avant leur conversion au catholicisme.

---

(1) Les *Hypogées de l'île des Pins*, par le R. P. Lambert, dans le journal *Les Missions catholiques*, année 1883.

CHAPITRE II

Faune.

SOMMAIRE : Porc. — Bœuf. — Mouton. — Chèvre. — Cheval.
La roussette. — Les oiseaux : tourterelle verte, tourterelle chocolat, le dago, le notou, les passereaux, le pluvier doré, les courlis, le canard sauvage, l'hirondelle; pas de cagou à l'île des Pins; les poules, les canards domestiques, les oies, les dindons, les paons.

Les reptiles : le serpent d'eau : il est venimeux; le lézard vert, le lézard gris; le gecko; la tortue franche; la tortue caret.

Les poissons : la raie, les requins, le diodon, le tétrodon, l'hippocampe, les anguilles; la sardine : elle est dangereuse; la loche, la bécune, les mulets, la rascasse, les carangues : la fausse carangue, la carangue vraie, les thons, les maquereaux, les bonites, le scarre ou perroquet, le lethrin mambo; conseils au sujet des poissons.

Les mollusques : les bulimes, la poulpe, la seiche, le nautile, les cônes, les harpes, les olives, les porcelaines, la volute, le turbo, l'oreille canaque, la patelle, les huîtres, les peignes, les moules, les bucardes, la pinna squamosa, les bénitiers.

Les insectes : la puce, les moustiques, les œstres, les mouches, la punaise des bois, la cigale, les papillons, les teignes, le perce-oreilles, le cancrelas, les mantes, l'insecte-feuille, le grillon, la sauterelle, les abeilles, les guêpes, les fourmis, les libellules, les coléoptères.

Les arachnides : l'araignée noire, le scorpion.

Les crustacés : les langoustes, les crabes, le camaron; curieux phénomène.

Les zoophytes : méduses, physalies, holoturies.

N'ayant pas voulu, en entreprenant ce travail, écrire une œuvre de science, mais désirant simplement mettre en lumière toutes les ressources à tirer de l'île des Pins, je ne ferai point ici un cours d'histoire naturelle. Je me bornerai à énumérer les animaux de toutes sortes, terrestres et marins, présentant une utilité quelconque pour l'alimentation et pour l'industrie; à signaler les espèces nuisibles; à parler de l'élevage des animaux domestiques; à donner, en un mot, des conseils pratiques résultant d'une expérience personnelle de plusieurs années. Puissent-ils être profitables aux colons futurs qui viendront dans un avenir prochain, je l'espère, mettre en valeur cette belle et riche dépendance de la Nouvelle-Calédonie.

Porc. — C'est en 1842, qu'un santalier du nom de William Fox avait apporté à l'île des Pins la première truie qu'on y ait vue. Depuis ce moment le porc s'est prodigieusement multiplié dans l'île. Les villages indigènes en sont abondamment pourvus et chaque fonctionnaire, pour ainsi dire, élève dans sa basse-cour au moins un échantillon de la race porcine. La chair en est fine et délicate. Avec un peu de soins on arrive à obtenir une grosse proportion de graisse. On peut nourrir les porcs presque sans frais. Les feuilles du figuier sauvage, celles d'un gommier qui pousse partout en abondance, le manioc et l'amande fraîche du coco sont, pour ces animaux, une nourriture excellente et facile à se procurer. Ils sont aussi très friands de la papaye.

Je n'ai jamais vu de trichine dans l'épaisseur des chairs et je n'ai point entendu dire qu'on ait observé des accidents du fait de cet helminthe si répandu dans certaines contrées. Les salaisons de viande de porc donnent d'excellents résultats, à condition, toutefois, de bien soigner la saumure. Quelques feuilles de niaouli jetées çà et là parmi les morceaux de viande lui donnent un très agréable parfum. Je n'ai jamais vu réussir ici, pas plus qu'en Nouvelle-Calédonie, les tentatives faites pour conserver le porc en le fumant après salaison.

Bœuf. — Les animaux de race bovine acquièrent à l'Ile des Pins des qualités au moins égales à celles des bœufs de la plupart des régions de la France. Ils sont certainement bien supérieurs à ceux de notre côte méditerranéenne. Mais les terrains à pâturages sont en trop petite quantité pour qu'on puisse songer à pratiquer l'élevage à l'Ile des Pins comme on le fait à la grande terre. D'ailleurs, l'obligation d'entourer de barrières les espaces réservés aux troupeaux entraînerait des frais considérables Il nous semblerait meilleur et peut-être plus économique de faire l'élevage à l'étable en créant, à proximité, des prairies artificielles et en complétant l'alimentation par du maïs et de la betterave dont la culture donne ici des résultats très satisfaisants. On économiserait ainsi les frais d'importation des bœufs de Nouméa à l'Ile des Pins. Le fret est de 25 francs par tête sans compter les risques de pertes pendant la traversée. Cela vaut qu'on y songe.

Le lait de vache contient une proportion de beurre sensiblement égale à la moyenne générale. Une vache vivant librement dans la brousse et ramenée le soir à l'étable donne environ cinq litres de lait. On obtiendrait certainement beaucoup plus par l'élevage rationnel.

Les bœufs dressés au joug travaillent bien à la charrue, mais, d'une façon générale, on devra s'abstenir de les atteler pendant les heures chaudes de la journée.

Mouton. — L'Administration donne chaque jour à ses fonctionnaires et à ses administrés de la viande de bœuf seulement; aussi personne n'a tenté, à l'Ile des Pins, un essai sérieux d'élevage du mouton. A en juger par les produits de la grande terre, nous avons tout lieu de supposer que le mouton réussirait ici à merveille. Dans tous les cas, il ne trouverait pas, dans les pâturages de l'île, l'*andropogon* si funeste dont les graines, piquants acérés, traversent avec la plus grande facilité tous les tissus du mouton calédonien et se retrouvent dans les organes les plus intimes et les tissus les plus profonds. Cet andropogon ne pousse pas à l'Ile des Pins.

Chèvre. — A côté du mouton, plaçons la chèvre, qui acquiert une saveur véritablement succulente. La plupart des familles en possèdent surtout pour le lait très riche en beurre et en albumine, et aussi pour les cabris qui ne sont point ici, « une ressource désespérée de ravitaillement », comme le dit si injustement M. Fonssagrives. Ils constituent, au contraire, un aliment très apprécié.

L'élevage des chèvres ne demande aucun soin et ne nécessite, pour ainsi dire, aucune dépense. On peut se contenter de les abandonner en liberté dans les îlots du voisinage où elles trouvent une nourriture abondante.

On pourrait, du reste, procéder de même, si l'on voulait tenter l'élevage du mouton.

Cheval. — Les chevaux dont on se sert à l'Ile des Pins proviennent de la grande terre. Ils possèdent toutes les excellentes qualités acquises dans leur lieu d'origine : bon œil, pied sûr, bon fond, endurance à la fatigue, grande sobriété. On devra en poursuivre la reproduction dans l'île même : on économisera ainsi les frais de transport qui sont de 50 francs par tête. Le *Para grass*, herbe du Para, est un excellent fourrage à condition de ne le donner aux chevaux que 24 heures après la coupe. Il pousse bien dans les terrains humides et ceux-ci ne manquent pas à l'Ile des Pins ; en outre, il ne nécessite aucun soin particulier si l'on prend garde de le couper avant qu'il atteigne toute sa croissance. L'avoine vient très mal à l'Ile des Pins et à la Nouvelle-Calédonie. On la remplace avantageusement par le maïs dans l'alimentation des chevaux. Trois kilogrammes suffisent à un cheval de selle, quatre à cinq kilogrammes à un cheval de trait.

L'Ile des Pins ne possède aucun quadrupède indigène ; ses vastes forêts sont absolument dépourvues de gibier à poil. Nous ne voulons pas, en effet, ranger parmi ce dernier, la chauve-souris géante ou chien-volant, ou Flying-Fox des Anglais, plus communément appelée ici roussette. Ce mammifère, le seul que possède la colonie, est un chéiroptère du genre *pteropus* : c'est le *pteropus rubricollis*. Il est frugivore. Il sort la nuit pour aller s'attaquer aux meilleurs fruits des vergers dont il est le redoutable ennemi. Le jour, il se suspend aux branches des arbres de la forêt par le moyen des longues griffes qui se trouvent à l'extrémité du squelette ostéiforme de ses ailes membraneuses. La chair en est bonne ; elle a une saveur de venaison très appréciable, et je suis étonné que les Européens, habitant le pays, n'en fassent pas un plus grand usage. Avec les poils soyeux, de couleur fauve, qui recouvrent le corps de ce curieux animal, les indigènes fabriquent des cordelettes dont ils ornent généralement leurs armes ou leur coiffure.

Oiseaux. — Si le gibier à poils est invisible, par contre, le gibier à plumes ne manque pas. Tous les bois sont habités par différentes espèces de pigeons. Très friands des figues du banian, ils se tiennent habituellement sur ces arbres. La chasse en est assez difficile. Ils s'envolent au moindre bruit insolite ; leur ouïe, excessivement développée, leur permet d'entendre de fort loin la marche du chasseur qui ne peut avancer au milieu des brousses et des lianes sans faire craquer les branches mortes. Si donc on ne veut pas rentrer bredouille au logis, le meilleur moyen est de s'installer commodément sous un arbre à graines et d'attendre, en fumant sa pipe, l'arrivée du gibier. On le tue alors presque à bout portant et en grande quantité. La tourterelle verte et la tourterelle couleur chocolat sont les plus estimées. Après elles viennent le pigeon vert gros comme nos pigeons domestiques, le dago au plumage ardoisé, au cou garni d'un beau collier blanc, et enfin le notou qui peut atteindre la grosseur d'une poule.

Je ne parle pas des coqs et des poules sauvages qu'on

rencontre assez fréquemment dans les grandes herbes de la lisière de la forêt. Ces gallinacés proviennent des villages canaques : ils ne sont pas indigènes.

Il n'y a ni perroquets, ni perruches à l'Île des Pins. On voit voltiger de ci, de là, d'un arbre à l'autre, un grand nombre d'oiseaux d'espèces plus petites, parmi lesquelles dominent plusieurs variétés de passereaux, dont les gazouillements animent ces vastes solitudes. Un d'entre eux, au joli plumage vert et rouge, peut s'élever en cage.

A certaines époques de l'année, on peut voir, sur le plateau, de petites compagnies de pluviers dorés. Cet échassier à la chair si délicate, ne fait dans l'île que de courtes apparitions. Émigre-t-il, ou va-t-il, en temps de sécheresse, se réfugier dans les endroits marécageux ? C'est ce qu'on ne saurait dire.

Un peu partout, sur le bord de la mer, volent de place en place, des troupes nombreuses d'un autre échassier qu'on appelle improprement bécassine : c'est le courli, facilement reconnaissable à la longueur de son bec grêle, arqué et rond depuis sa naissance jusqu'à son extrémité terminale.

Les palmipèdes ont un seul représentant indigène dans l'île : c'est le canard sauvage. Poursuivi à outrance dans les moindres marais de la côte Ouest, il y est devenu très rare, mais on peut le trouver en abondance sur les autres points de l'île.

On rencontre parfois, sur la côte, le phaéton à brins rouges ou paille en queue (*Phaeton phœnicurus*) blanc, nuancé d'une légère teinte rose, avec les deux longues pennes de la queue rouges. Il fait son nid dans les anfractuosités de rochers.

Quand j'aurai signalé une petite hirondelle très facile à apprivoiser et qui me paraît sédentaire, j'aurai, je crois, nommé tous les oiseaux de Kougnié. Ce sont ceux de la Nouvelle-Calédonie. Fait digne de remarque : on ne trouve pas à l'Ile des Pins le *Rhynochetos jubatus*, vulgairement appelé cagou, oiseau de forme bizarre, aux mœurs mal connues, dont on n'a jamais pu découvrir le nid, qui vit en Nouvelle-Calédonie et pas ailleurs, s'il faut en croire les affirmations répétées des naturalistes. Il devient, du reste, de plus en plus rare (1).

Tous les oiseaux de basse-cour réussissent à merveille. La ponte des poules est interrompue pendant trois mois environ. Elle commence en mai et elle est fort abondante. Les poussins se développent assez rapidement. Leur plus grand ennemi est un aiglon très vorace et très audacieux. Dans les deux ou trois premiers mois, ils ont aussi à redouter une affection cutanée qui a son siège autour du bec et sur la tête, et qui se manifeste par des tubercules du volume d'un petit pois, rapidement ulcérés. On en vient facilement à bout par des applications quotidiennes de teinture d'iode.

Les canards domestiques se sont bien acclimatés à l'Ile des Pins. On en élève deux espèces : le canard ordinaire ou barboteur et un gros canard blanc, dit

---

(1) Voir sur ce curieux oiseau : comte Pouget, *Note sur le Kagou* (*Bulletin de la Société d'acclimatation*, mars 1875).

canard de Barbarie, dont le bec est entouré, à sa base, d'une plaque charnue de couleur rouge rutilante. On peut croiser ces deux espèces et l'on obtient ainsi des produits appelés mulets, dont la chair est très appréciée, mais qui sont impropres à la reproduction.

Nous ne serions pas complet dans notre énumération, si nous ne nommions pas les oies, les dindons et les paons. Il faut se défier, pourtant, de ce dernier gallinacé. Son instinct dévastateur en fait un ennemi dangereux des jardins potagers et des champs cultivés.

Reptiles. — Cette grande classe du règne animal, si peuplée dans la plupart des pays intertropicaux, ne nous offre ici qu'un nombre très restreint de représentants.

Dans l'ordre des ophidiens nous ne trouvons qu'un seul individu : c'est un serpent atteignant de 1 mètre à 1 m. 10 de longueur.

Il est de couleur jaune pâle avec des anneaux noirs. La queue est aplatie comme la rame d'un aviron. Il habite la mer, mais il vient cependant quelquefois sur la côte, sans doute pour la ponte, et il n'est pas rare de le voir ramper sur les coraux qui surplombent le bord de l'eau. Très connu dans la colonie entière, où il est excessivement commun, on l'avait de tous temps considéré comme absolument inoffensif, lorsqu'en 1888 l'attention fut appelée sur lui à l'occasion d'une mort violente, survenue quelques heures après la morsure d'un de ces serpents, dans la rade de Nouméa.

Le Dr Forné, médecin en chef de la marine, chef du service de santé en nouvelle-Calédonie, se livra, sur ce sujet, à une enquête minutieuse. Les résultats de cette enquête démontrèrent :

1° Qu'il existe dans les eaux de la Nouvelle-Calédonie deux espèces de serpents venimeux : un *platurus* très commun et très connu; un *hydrophis*, cause du décès relaté plus haut et inconnu avant 1888 ;

2° Que le platurus présente des anneaux colorés faisant le tour complet du corps, tandis que l'hydrophis a sur le corps des taches triangulaires coloriées alternant avec des taches rondes.

Nous n'avons jamais entendu dire qu'il y ait eu à l'île des Pins un seul accident par suite de morsure de serpent; nous conseillerons néanmoins de se défier de ces animaux.

L'ordre des sauriens est représenté par un petit nombre d'individus :

Le lézard gris, qui fréquente assidûment les habitations où il fait une guerre acharnée aux fourmis, aux moustiques et aux mouches;

Le lézard vert, qui habite de préférence la forêt, où il atteint 30 et jusqu'à 40 centimètres de longueur;

Et une sorte de gecko que je n'ai rencontré qu'une seule fois, dans un tronc d'arbre pourri, à la presqu'île Kuto.

Est-il besoin de dire que tous ces animaux sont absolument inoffensifs ?

Les chéloniens se réduisent à deux tortues marines : la tortue franche et la tortue caret. L'une et l'autre sont comestibles, mais la tortue franche est de beaucoup préférable. Sa chair, blanche comme de la viande de veau, constitue un manger délicat. Elle atteint des dimensions vraiment extraordinaires. J'en ai vu dont la carapace mesurait plus de 1 m. 20 de longueur; elles dépassaient, en poids, 200 kilos. L'écaille, rangée en plaques juxtaposées, acquiert une bonne valeur commerciale.

La tortue caret a des dimensions moins considérables. Sa chair est moins estimée mais, par contre, son écaille en plaques imbriquées est plus recherchée du commerce.

La tortue franche est plus commune que la tortue caret. Elles déposent l'une et l'autre leurs œufs dans les sables des îlots avoisinants. La réputation de la valeur comestible de ces œufs a été, à mon avis, considérablement surfaite.

Au large, la tortue se pêche soit au harpon, soit au filet. A terre, on la prend facilement sur le sable. Mais, dans tous les cas, laissez toujours les Canaques se charger de ces captures. Ils y déploient une habileté que vous ne saurez jamais atteindre.

POISSONS

Les eaux de l'île des Pins sont excessivement poissonneuses. La plupart des poissons qu'on y rencontre constituent un aliment sain et délicat; mais quelques espèces étant ou passant pour être toxiques, nous nous y arrêterons un instant au cours de notre énumération rapide.

POISSONS CARTILAGINEUX

Famille des sélaciens. — On pêche fréquemment une raie qui atteint parfois une taille considérable. On en a vu dont le poids dépassait 200 kilogrammes. Elle est munie d'une queue longue, souple et menue dont l'animal se sert comme d'une arme puissante. Son habitat favori est la haute mer, mais on peut la trouver sur la côte.

Les requins abondent et l'on ne saurait trop se défier, au bain ou à la pêche, de ce squale redoutable dont l'audace est extraordinaire et la voracité insatiable.

POISSONS OSSEUX

Plectognathes. — Un diodon, le *diodon tigrinus* ou orbiculaire, dont les aiguillons acérés provoquent des blessures dangereuses. De Rochas affirme que sa chair est toxique. Un chat a été empoisonné après avoir ingéré le frai et les intestins de ce poisson.

Un tétrodon, le *tetrodon sceleratus*, a été signalé par Forster, qui lui attribue divers cas d'empoisonnement à bord des bateaux de Cook; on peut se demander si c'est le même poisson que le *tetrodon maculatus* lequel, d'après de Rochas, aurait tué deux matelots du *Styx* à Nouméa, en 1857. Dans tous les cas, ces plectognathes sont rares à l'Ile des Pins; d'ailleurs leur aspect repoussant, qui leur a fait donner dans le pays le nom de poisson-crapaud, suffit pour les faire rejeter de l'alimentation.

Lophobranches. — Nous trouvons dans cet ordre, un seul représentant : c'est l'hippocampe. Il est de petite taille.

Malacoptérygiens apodes. — Les différents petits ruisseaux de l'île renferment quelques anguilles atteignant parfois de belles dimensions. Une anguille de mer, congre commun, se loge dans les trous de corail : elle est de petite taille et très bonne à manger.

Malacoptérygiens abdominaux. — L'ordre des malacoptérygiens abdominaux fournit à l'alimentation de très nombreux poissons. Il serait trop long de les énumérer tous, nous nous bornerons donc à signaler les espèces suspectes ou nuisibles. Au premier rang de ces derniers se place, parmi les clupées, une sardine (*meletta venenosa*). M. le Dr Lacroix, dans la *Revue Coloniale* de 1856, tome XV, page 254, a écrit la relation de 30 cas d'empoisonnement, dont 5 mortels, survenus à bord du *Catinat*, à Balade (Nouvelle Calédonie). Cette mélette, très commune à l'Ile des Pins, ressemble beaucoup à la *dussumiera acuta*, qui vit à côté d'elle et est complètement inoffensive. Le mieux sera, par crainte d'erreur, de ne pas manger de sardines.

Dans la famille des cyprins, différents auteurs ont signalé comme dangereuse la loche, qui atteint ici, parfois, des dimensions extraordinaires. Pour mon compte, je n'ai jamais vu à l'Ile des Pins d'accidents ayant résulté de l'ingestion de ce délicieux poisson. Je me bornerai à conseiller d'en user avec modération, en rejetant impitoyablement la tête, le foie et les intestins.

Acanthoptérigiens. — Le plus grand nombre de poissons suspects se trouve dans l'ordre des acanthoptérigiens.

Famille des percoïdes. — Une *sphyrène bécune* péchée par 13 mètres de fond et pesant 10 kilogrammes, a provoqué des accidents chez 11 personnes sur 13 qui en avaient mangé. Cet accident est relaté par M. Beaumanoir, médecin-major du *Catinat* en 1866. Il est bon de faire connaître à ce sujet;

1º Que les personnes les plus malades furent celles qui mangèrent la tête :

2º Que les habitants de la région ont toujours fait usage de ce poisson sans aucun inconvénient.

Famille des mules. — Les *mulets* sont nombreux et très bons. Nous dirons la même chose des rougets, très estimés, très recherchés; quelques-uns ont, cependant, provoqué parfois des accidents légers.

Famille des joues cuirassées. — Une scorpène, vulgairement appelée rascasse, est dangereuse par la piqûre de ses aiguillons.

Famille des scombéroïdes. — On pêche à l'île des Pins dans les baies et souvent même sur les plages de corail des carangues très volumineuses. Ce poisson, qui est certainement un des plus savoureux de ces parages, a déterminé parfois des accidents graves. On en distingue deux espèces : la carangue vraie (*caranx carangus*), laquelle est toujours inoffensive, et la fausse carangue (*caranx fallax*) qui peut empoisonner. Je n'ai jamais observé à l'île des Pins d'empoisonnement par ce poisson mais, par mesure de précaution, je conseille de ne jamais en manger sans avoir, au préalable, pris le soin de soulever la nageoire pectorale. Dans la carangue vraie on touve toujours une tache noire à l'échancrure de l'épaule; cette tache noire n'existe pas chez la fausse carangue.

Tous les autres scombéroïdes : thons, maquereaux, bonites, sont en très grande quantité, d'excellente qualité et absolument inoffensifs.

Famille des labroïdes. — On cite comme vénéneux dans cette famille un scarre appelé perroquet à cause sans doute de ses belles couleurs variées et de la forme recourbée de son museau. Les indigènes mangent le perroquet sans hésitation; nous en avons plus d'une fois goûté nous-même sans être en aucune façon incommodé. Le mieux est, néanmoins, de le rejeter. Sa chair, d'ailleurs, est molle, fade et peu appétissante.

Enfin, de Rochas et, après lui le R. P. Montrouzier, ont signalé dans le genre lethrinus un individu, le *lethrinus mambo*, comme très vénéneux. Mais le P. Montrouzier le déclare dangereux seulement lorsqu'il a atteint 30 ou 40 centimètres de longueur.

Une opinion commune à la plupart des colons calédoniens est que, d'une façon générale, tous les poissons de ce pays peuvent, à un moment donné, provoquer des accidents plus ou moins graves d'empoisonnement. On dit qu'à une certaine époque de l'année, lorsque le corail est en fleur, on ne saurait sans danger manger les poissons qui y habitent; on dit que tel poisson, absolument inoffensif d'ordinaire, devient vénéneux en dépassant une certaine taille,

Faudra-t-il donc, en présence de tous les faits réels d'intoxication par la chair de poisson, se priver de cette alimentation si saine et si agréable ?

Nous ne le pensons pas ; et, pour conclure, nous reproduirons les excellents conseils donnés par notre collègue et ami le D' Legrand (1) :

« Rejeter, par prudence, non-seulement le poisson-
» crapaud, mais encore les sardines et toutes les espèces
« inconnues ; ne jamais manger les viscères d'aucun
« poisson ; pêcher au fond des baies, à l'embouchure
« des rivières, et, pour plus de sûreté, refuser encore
« dans ces conditions tout animal dès qu'il dépasse un
« demi-mètre de longueur. » Nous n'ajouterons qu'un mot : interroger toujours les indigènes quand on se trouvera en présence d'un poisson suspect.

MOLLUSQUES.

Les espèces terrestres sont largement représentées à l'île des Pins (2), nous signalerons seulement de nombreuses variétés de bulimes auriculiformes. Sans avoir la valeur culinaire des escargots du Bordelais, ces gas-

---

(1) D' Legrand. *La Nouvelle-Calédonie et ses habitants en 1890*, p. 131.

(2) Voir J.-B. Gassies, *Faune conchyiologique terrestre et fluvio-lacustre de la Nouvelle-Calédonie* (Actes de la Société Linnéenne de Bordeaux, et tir. à part, 3 parties, 1879-1880).

téropodes n'en sont pas moins un aliment agréable, surtout si l'on a eu soin de leur faire subir un jeûne de deux à trois semaines. On trouve à Koutomo un bulime fossile de très grande taille, le *bulimus senilis*.

Les espèces marines sont excessivement nombreuses et les collectionneurs de coquilles ont pu, depuis longtemps, et pourront encore pendant de longues années enrichir leurs collections. En ce qui concerne le côté pratique auquel nous voulons exclusivement nous placer, il nous suffira de nommer les espèces comestibles ou présentant un intérêt industriel quelconque.

Céphalopodes. — Un poulpe (*octopus* de Cuvier) atteignant quelquefois 0^{m}60 ou 0^{m}80 de longueur. On peut le manger, à condition de le battre vigoureusement sur une pierre pour en ramollir les chairs.

Une seiche dont l'os atteint parfois 0^{m}30.

Un nautile, le *nautilus pompilius*, dont la coquille est divisée intérieurement en un très grand nombre de loges séparées entre elles par des cloisons d'une nacre pure et brillante affectant la forme d'une cuirasse. L'industrie pourrait en tirer parti en fabriquant des broches ou des pendants d'oreilles.

Gastéropodes. — Très nombreux. Tous comestibles. A signaler spécialement : pour la beauté de leur coquille, les cônes, les harpes, les olives, de nombreuses porcelaines (*Cyprœidæ*), les volutes dont certaines sont assez rares et très belles ; pour leurs opercules d'un beau vert, avec lesquels on peut faire des boutons de manchettes ou de chemises et aussi de fort jolis bracelets ou colliers, différents échantillons de la famille des *turbidinæ* dont le plus remarquable est le *turbo marmoratus* ; pour la beauté de sa nacre irisée l'*haliotis tuberculata* ou oreille de mer, appelée vulgairement ici oreille canaque, sans doute à cause de la série de trous dont est perforé son bord externe.

Citons encore une patelle dont la base atteint jusqu'à 8 centimètres sur 5. Bien décapée, sa nacre ressemble à de l'écaille de tortue. On peut, avec la coquille entière, confectionner de très jolis vide-poches.

Lamellibranches. — Les mollusques de cette classe sont représentés par des individus universellement connus : huîtres, peignes, moules, bucardes. Le palétuvier n'existant pas à l'Ile des Pins on n'y trouve point, comme à la grande terre, l'huître succulente qui s'attache aux branches et aux racines adventives des différentes espèces de *rhizophora* dont sont couverts les bords vaseux de la mer néo-calédonienne; mais par contre, on pêche assez souvent à Kougnié des huîtres perlières de dimensions moindres que celles de Tahiti, mais dont les perles et les nacres ont, néanmoins, une belle valeur commerciale. On trouve aussi des petites perles de couleur violet foncé dans une sorte de moule très commune sur les rochers. Huîtres, peignes, moules et bucardes sont comestibles. Signalons aussi dans les lamellibranches le *pinna squamosa*, dont la coquille atteint parfois plus de 40 centimètres de longueur ; et enfin les bénitiers ou tridacnes. « Le bénitier, dit
« Woodward, atteint une taille si considérable que les
« poètes et les sculpteurs en ont fait le berceau de la
« déesse de la mer. Il doit jouir d'une longévité extraor-

« dinaire; comme il vit dans les lagunes abritées des
« îles madréporiques et a des habitudes assez séden-
« taires, les coraux croissent autour de lui jusqu'à
« l'ensevelir presque au milieu d'eux; aussi, bien qu'il
« ne semble pas qu'il y ait de limites à sa vie, et que,
« d'après tout ce que nous savons, elle puisse durer un
« siècle, il arrive probablement un moment où il est
« enveloppé par ses voisins ou étouffé sous les sédi-
« ments. »

Cette dernière supposition du savant conchyliologue anglais est un fait dont il est facile de s'assurer à l'île des Pins. Il est rare qu'on fasse, à mer basse, une promenade sur les récifs sans rencontrer quelque bénitier vivant à demi enseveli dans le corail, d'où il est extrêmement difficile de l'arracher.

En allant du logement du médecin à l'infirmerie du poste militaire, dans la presqu'île Kuto, on marche sur un bénitier qui est absolument scellé dans la roche coraillée.

Au milieu de la presqu'île qui ferme à l'Est la baie de Oupi se trouve, également enfoui dans le corail, le bord de ses valves affleurant la surface du sol, un tridacne gigantesque qui mesure au moins 1 m 20 de longueur. Nous avons tenté, en 1882, à la demande de l'amiral Courbet, de l'extraire de son lit de pierre. Tous les efforts ont été vains.

INSECTES.

Je me bornerai à une énumération rapide des

insectes les plus répandus à l'Ile des Pins, en ajoutant quelques mots seulement sur les espèces les plus intéressantes à connaître.

Aptères. — La chique, ce dangereux insecte si redoutable dans beaucoup de pays chauds, est absolument inconnue à l'Ile des Pins, mais la puce y pullule. Je ne sais si elle est indigène ou si elle a été importée, mais, dans tous les cas, elle y est fort incommode et par le nombre et par la voracité. Un moyen facile de la détruire est, dit-on, de parsemer les appartements de feuilles vertes de ricin. Si son efficacité n'est pas absolue, le procédé est, du moins, à la portée de tout le monde.

Diptères. — Au premier rang des diptères se placent les moustiques, insupportables et cruels échantillons des némocères-culicides, dont Réaumur a écrit l'histoire si curieuse et si complète. Ils sont, à Kougnié, beaucoup moins nombreux qu'en Nouvelle-Calédonie et, pendant plusieurs mois de l'année, on pourrait coucher sans moustiquaire, surtout dans les habitations exposées aux vents du Sud-Est.

Les œstres, si redoutables en Europe pour les chevaux et les bœufs, sont peu répandues à l'Ile des Pins et ne font en aucune façon souffrir les chevaux et les bœufs ; mais les mouches sont représentées par un grand nombre d'individus : mouche bleue de la viande, mouche vulgaire (*musca domestica, musca bovina*). Elles deviennent fort incommodes par les temps chauds et humides.

Hémiptères. — Dans l'ordre des hémiptères-hétéroptères, nous aurons à citer la punaise des bois. La variété la plus commune est la pentatome grise. A ajouter aussi l'*acanthia lectularia*, ce désagréable et féroce insecte nocturne qui apparaît trop vite, hélas ! partout où il peut satisfaire ses instincts sanguinaires.

Parmi les hémiptères-homoptères, citons : la cigale, dont le chant assourdissant et monotone se fait surtout entendre pendant le mois de mars, et plusieurs variétés de pucerons, dont quelques-uns attaquent gravement l'oranger et le rosier.

Lépidoptères. — Les variétés de lépidoptères sont nombreuses à l'infini. Les amateurs peuvent venir enrichir ici leurs collections au milieu desquelles brillera d'un éclat sans pareil un large papillon aux ailes d'un bleu d'azur resplendissant. Les nocturnes sont en très grand nombre. Les teignes sont assez rares.

Orthoptères. — Cet ordre est largement représenté à l'Ile des Pins. Parmi les orthoptères-coureurs, citons : le forficule ou perce-oreille, qui se cache dans les trous d'arbres, sous les écorces, sous les pierres : il est très friand de la tomate; le cancrelas ou kakerlak, blatte américaine, très répandu. C'est un des fléaux des régions chaudes; l'Ile des Pins n'y échappe pas. Cependant, avec de très grands soins de propreté on parvient sinon à s'en débarrasser, du moins à ne pas en être trop importuné. Les mantes, jolis insectes aux longues pattes antérieures élevées en l'air comme des bras suppliants, d'où leur est venu le nom de mantes précheuse, religieuse, mendiante, etc. Elles se nourrissent d'insectes vivants et sont d'une telle férocité que deux mantes enfermées ensemble ne tardent pas à se livrer un combat qui se termine toujours par la mort de l'une d'elles. Le vainqueur mange la tête du vaincu.

C'est ici qu'il faut placer l'insecte-feuille, *phyllie* ou feuille ambulante, curieux animal se traînant avec lenteur sur les arbrisseaux, et dont les ailes vertes ressemblent tellement, avec leurs nervures irradiées, aux feuilles sur lesquelles elles marchent, qu'il faut examiner avec le plus grand soin pour distinguer l'animal de la plante.

Parmi les orthoptères-sauteurs, nous avons à citer seulement le grillon vulgaire et la sauterelle ou locuste. Une espèce dite sauterelle des cocotiers, a des dimensions vraiment extraordinaires; j'en ai vu mesurant de 15 à 20 centimètres. Quant à la sauterelle nuisible ou criquet nomade (*acridium migratorium*), qui cause presque chaque année d'importants ravages sur la grande terre, il ne se voit pas à l'île des Pins.

Hyménoptères. — Les abeilles, ces habiles ouvrières, ces industrieux architectes, se rencontrent un peu partout dans l'île. Il est facile de capturer des essaims dont le poids peut dépasser deux kilogrammes, et l'on forme alors des ruchers dans lesquels on récolte du miel d'excellente qualité. Contrairement à l'opinion trop généralement admise qu'il faut exposer les ruches en plein soleil, nous pensons qu'il est préférable de les établir dans des lieux bien ombragés. Le rucher installé par les Pères maristes à la Mission de Vao peut être pris comme modèle.

Les guêpes n'ont, croyons-nous, qu'un seul représentant dans l'île. A l'instar de l'abeille maçonne (*osmia* et *chalicodoma*), cette guêpe construit, en terre mâchée, son nid qu'elle place un peu partout, sur les murailles, sur les fenêtres, sur des branches mortes et jusque sur les rideaux des appartements. Elle est essentiellement carnassière.

Nommons enfin les fourmis, ces travailleuses si intéressantes, mais si désagréables, contre l'invasion desquelles il est bien difficile de protéger les aliments en général et les viandes en particulier. Mais l'Ile des Pins, plus privilégiée à cet égard que beaucoup d'autres colonies, ne possède aucune espèce de fourmis dangereuses pour l'homme.

Névroptères. — Dans cet ordre, il faut signaler quelques espèces de libellules aux couleurs vives et métalliques.

Coléoptères. — Leur nombre est considérable ; mais, nulle des variétés qu'on rencontre ne présentant d'intérêt réel au point de vue pratique auquel nous nous sommes placé, nous nous bornerons à exprimer le vœu qu'un naturaliste patient en fasse le dénombrement et puisse arriver à déterminer toutes les espèces.

ARACHNIDES.

Les araignées sont, à l'Ile des Pins, en quantité considérable. On ne saurait, pour ainsi dire, faire un seul pas dans la brousse sans se trouver en présence de toiles gigantesques, tendues d'un arbre à l'autre. L'habile tisseuse se tient au centre, guettant sa proie. Malgré le sentiment de répulsion et d'effroi provoqué par la vue de ce répugnant animal, il est bon de savoir que l'on n'a rien à redouter de sa morsure.

Une de ces araignées, appelée par de Rochas *micrommatta sparassus*, est la seule dont il faille se défier. Elle habite ordinairement sous les branches mortes, dans les troncs d'arbres pourris et ne fait point de toile. Sa grosseur est celle d'un pois dont elle a la forme arrondie. Lisse, brillante, comme vernie, elle présente à sa partie postérieure un point rouge éclatant de 3 à 4 millimètres de diamètre ou une bande transversale rouge également. Cette particularité permet de la reconnaître facilement. Sa morsure, sans être bien dangereuse, provoque cependant des phénomènes douloureux, fébriles et inflammatoires. Il sera prudent d'éviter cette araignée.

À fuir aussi un petit scorpion de 0m05 à 0m055 de longueur. Ce doit être le scorpion décrit par M. Posada Arango sous le nom de *Scorpio Edwardsii* ou de *Scorpio Geerii*. Il vit dans les lieux bas et humides. Sa blessure n'est pas mortelle, mais elle est fort douloureuse. Un bon moyen de la traiter est d'appliquer sur la petite plaie produite un cataplasme préparé avec de la poudre d'ipéca.

CRUSTACÉS.

Tous les récifs de l'Île des Pins sont habités par de nombreuses langoustes à la chair fine, savoureuse et très appréciée des gourmets. Il est fort difficile de les pêcher au milieu des coraux où elles se plaisent. Nos lecteurs n'ont pas oublié l'histoire de ce Canaque qui faillit rester emprisonné dans les pointes acérées du corail en se livrant à la pêche de la langouste. Pour éviter de pareils accidents il est préférable de les prendre la nuit, à la lueur des torches. La lumière vive les attire à la surface et on peut alors les saisir dans des filets.

Les crabes, si communs en Nouvelle-Calédonie, sont assez rares à l'Ile des Pins; on en trouve cependant quelques-uns du côté de Gadji. Ils sont comestibles.

Le camaron, sorte de grosse crevette, est en assez grande abondance dans la plupart des ruisseaux. On le pêche soit à la main, soit au filet. Il est excellent.

On ne trouve pas de crevettes proprement dites. Mais nous devons relater ici un phénomène que beaucoup de personnes ont pu observer avec nous en octobre 1894. Nous avons trouvé, un matin, la belle plage de sable de la baie de Kuto entièrement couverte, à mer basse, d'une couche assez épaisse d'une substance d'un rose pâle. Cette masse s'étendait sur un espace de plus d'un kilomètre. Elle était totalement formée par une agglomération compacte de petites crevettes mesurant environ un centimètre ou un centimètre et demi de longueur. Le R. P. Lambert, interrogé à ce sujet, nous a affirmé n'avoir jamais observé pareil fait à l'Ile des Pins. Il pense avec nous que ces myriades de crustacés provenaient du large, peut-être des environs des Nouvelles-Hébrides où quelque éruption sous-marine coïncidant avec l'éruption du volcan de Tanna les aurait frappés de mort.

En dernier lieu, nous ne citerons que pour mémoire les méduses et les physalies mieux connues sous le nom de galères, en recommandant toutefois de s'en défier quand on prend un bain de mer. Elles déterminent, en effet, une irritation assez vive des régions du corps qu'elles touchent.

Quant aux holoturies ou biches de mer, elles étaient, paraît-il, très communes autrefois. On en voit encore quelques-unes gisant mollement sur le sable ou sur le corail, mais elles se font de plus en plus rares.

CHAPITRE III

Exploitation forestière. — Agriculture.

SOMMAIRE : Bois de santal. — Bois de rose. — Pin colonnaire. Banian. — Goudronnier. — Bancoulier. — Niaouli. Agriculture : Cocotier. — Pandanus. — Bourao. — Aloès. — Vétiver. — Coton. — Tabac. — Mûrier. — Bananier. — Papayer. — Arbre à pain. — Arbres à fruit divers. — La vigne. — La barbadine. — Légumes. — Fraisiers. — Pomme de terre. — Maïs. — Igname. — Patate douce. — Taro-Manioc. — Canne à sucre. — Café.

EXPLOITATION FORESTIÈRE.

Au premier rang des productions végétales de l'île des Pins se placent les bois. La zone madréporique ne comprend pas moins de 5,370 hectares de forêts, sans compter les bois dont sont couverts tous les îlots environnants. On y rencontre les essences les plus diverses utilisables pour les usages les plus variés : essences précieuses, bois de construction, d'ébénisterie et de menuiserie se trouvent en abondance. Malheureusement, depuis 1872, on a taillé et coupé dans la forêt du territoire administratif, sans s'occuper de la conservation ou de la reproduction des espèces.

Bois de santal. — Malgré la fureur véritable avec laquelle s'est faite l'exportation du bois de santal avant la prise de possession ; malgré aussi la quantité considérable qui en a été coupée depuis 1872, le santal, devenu rare en Nouvelle-Calédonie, se trouve encore en abondance dans l'île des Pins. Mais si les échantillons de cet arbre précieux sont nombreux, leur volume est médiocre parce qu'on ne donne pas aux arbres le temps d'acquérir leur plein développement.

Il y aurait lieu, pensons-nous, d'en interdire absolument la coupe pendant plusieurs années, même sur le territoire indigène. Il faudrait encore tenter d'en assurer la reproduction et la multiplication en surveillant les jeunes pieds, en les éclaircissant, en les aérant, en les transplantant. Ce serait créer là une grande richesse pour l'avenir. Le santal, en effet, est un arbre précieux non seulement par son bois, très recherché, mais aussi à cause de l'essence qu'on obtient par distillation de la sciure. Cette essence a une très grande valeur commerciale.

Bois de rose. — Nous en dirons autant du bois de rose. Cette malvacée trouve ici son terrain de prédilection, mais elle tend à disparaître par suite des coupes inconsidérées, et faute d'une réglementation sévère, ou plutôt faute de toute réglementation. Son bois, magnifique, est très apprécié par l'ébénisterie de luxe : c'est encore une richesse qui va nous échapper si l'on n'y prend pas garde.

Pin colonnaire. — Au premier rang des bois de construction se place le pin colonnaire. On en a fait, depuis ces vingt dernières années, une effrayante consommation. Malgré cela il en existe encore; mais cet araucaria finira par devenir très rare si l'on ne surveille activement sa reproduction.

Les pépinières de pins colonnaires existent naturellement, à l'infini, sur toute la côte et les îlots voisins. Un excellent moyen d'utiliser la main d'œuvre reléguée qui reste absolument improductive, serait de l'occuper à éclaircir intelligemment ces pépinières et à couvrir de pins tout le versant dénudé du plateau. Les missionnaires maristes ont déjà tenté la chose à Vao, et elle donne d'excellents résultats. Pourquoi l'Administration pénitentiaire, avec les moyens puissants dont elle dispose, ne suivrait-elle pas cet exemple? Elle créerait ainsi, pour l'avenir, une réserve de bois de bonne qualité suppléant, sans conteste, le sapin d'Orégon dans tous ses usages.

Le pin colonnaire fournit, par la saignée, une gomme-résine. L'industrie l'utilise. Mais il serait indispensable, à notre avis, d'interdire d'une façon absolue l'extraction de cette résine. Les saignées pratiquées aux arbres les font beaucoup souffrir; un très grand nombre en sont morts. La véritable utilisation du pin colonnaire est dans le bois, dans le bois seul. Extraire la résine c'est travailler à la destruction certaine et rapide de l'araucaria de Cook.

Il serait oiseux de parler en détail de chacun des arbres, kohu, milnéa, hêtre moucheté, chêne tigré, etc., etc., qui poussent en abondance dans l'île et peuvent être employés par l'industrie. La Nouvelle-Calédonie trouvera là une ressource précieuse quand l'Administration pénitentiaire aura abandonné l'île des Pins pour n'y plus revenir.

A côté de ces arbres dont le bois seul est utilisé, il en est d'autres dont les sucs laiteux et gommeux peuvent donner lieu à des transactions productives. Pour ne rien laisser passer de ce qui peut servir à la colonisation, j'en dirai quelques mots.

Je citerai seulement les principaux : banian et goudronnier.

Banian. — Le banian (*Ficus prolixa*) est excessivement répandu à l'île des Pins. Cet arbre, si remarquable par ses dimensions colossales, par ses racines adventives qui, partant des branches, viennent s'implanter dans le sol où elles constituent des troncs nouveaux desquels partent de nouvelles branches, cet arbre, disons-nous, se trouve en quantité considérable à Kougnié.

Le service des affaires indigènes a envoyé à l'Exposition universelle de 1889 de belles étoffes feutrées provenant des fibres des racines adventives du banian. Ces fibres pourraient fournir aussi une excellente pâte à papier. On tirerait le même parti de la jeune écorce et du liber de l'arbre lui-même.

D'après une notice insérée dans le journal *Le Colon* en 1888, 100 kilogrammes d'écorce de banian donnent

20 kilogrammes de bourre textile propre à la fabrication du papier ; 100 kilogrammes de jeunes écorces ou de l'écorce des racines adventives donnent 40 kilogrammes de bourre et de fibres utilisables.

Enfin, en pratiquant des incisions sur les troncs multiples du banian, on voit s'écouler un suc laiteux dont on peut faire un excellent caoutchouc. Les incisions pratiquées pour l'obtention de ce suc ne portent en aucune façon atteinte à la vitalité puissante de ce colosse de nos forêts. Son bois, d'ailleurs, n'est bon à aucun usage, pas même à la combustion. Je l'ai vu cependant employer pour la fabrication de jougs à bœufs.

Goudronnier. — Cet arbre, de la famille des anacardiées, est le *rhus atra* de Forster. Il donne un bois blanc, dur et fibreux à peu près inutilisable. Ses feuilles possèdent les propriétés astringentes du *rhus coriaria* ou sumac des corroyeurs, dont on emploie les feuilles pour le tannage des peaux destinées à la maroquinerie.

En pratiquant des incisions sur l'écorce du goudronnier, on voit s'échapper en abondance un liquide brunâtre qui noircit rapidement au contact de l'air. Une fois désséché, ce liquide constitue une résine noire, légère et cassante, véritable laque dont l'industrie tirerait grand profit.

On ne devra pas oublier que le suc frais du goudronnier est un liquide fortement caustique. Il provoque des plaies fort douloureuses et très difficiles à guérir.

Bancoulier. — Le Bancoulier (*Aleurites triloba* de Forster) vient bien à l'île des Pins où il a été importé, je crois, mais il y est rare. Il serait facile et utile de l'y multiplier. Le fruit de cette euphorbiacée est une noix connue sous le nom de noix de Bancoul ou des Moluques, ou noix Chandelle, ou encore Kamiri. Cette noix, du poids moyen de 8 à 10 grammes, fournit, d'après Cloëz, 62 pour cent d'une huile usitée dans l'économie domestique; elle est douce, siccative et pourrait remplacer l'huile de lin pour l'éclairage et la peinture. Un seul arbre arrive à produire plusieurs milliers de ces noix dont l'exploitation industrielle serait certainement très lucrative. On peut aussi tirer un bon parti du bois du bancoulier pour la confection des caisses d'emballage : c'est un bois blanc, léger, rappelant un peu le peuplier.

Niaouli. — Nous en aurons fini avec les bois proprement dits, quand nous aurons consacré quelques lignes au niaouli, si commun sur la grande terre, si rare à l'Ile des Pins.

Le niaouli, *melaleuca viridiflora* ou *arbor alba* de Rhumph, est, venons-nous de dire, peu répandu à l'Ile des Pins. Il pousse, de préférence, dans les quelques marais disséminés çà et là; il est loin d'atteindre les belles proportions qu'on lui voit en Nouvelle-Calédonie. Il nous semblerait bon que les niaoulis ayant, jusqu'ici, échappé à la hache des bûcherons, fussent précieusement conservés, non pas à cause de la réputation dont jouit cet arbre de contribuer puissamment à la salubrité des pays qu'il habite, mais parce que, à notre avis, son utilité est véritablement considérable.

Sans parler de son bois dur et liant, qui se travaille bien et convient parfaitement à la charronnerie, le niaouli est précieux : Par son écorce composée de centaines de feuillets minces et souples, les indigènes l'utilisent en en formant les murailles extérieures de leurs habitations ;

Par ses feuilles qui, distillées, fournissent une essence limpide, d'une forte odeur térébenthinée. Cette essence, soluble dans l'alcool et l'éther, jouit des mêmes propriétés que l'huile de cajeput que notre pharmacopée emprunte aux Moluques. On l'emploie, avec avantage, contre les douleurs rhumatismales ;

Par ses bourgeons terminaux qui, séchés à l'ombre, au moment où ils s'épanouissent, constituent un thé stomachique, excitant, très aromatique. Nous l'avons toujours vu très apprécié par ceux de nos amis à qui nous en avons fait boire en France. Dans les hôpitaux de la colonie, ce thé peut remplacer très avantageusement et très économiquement comme tisane, les substances diverses qu'on fait venir à grands frais de France et d'ailleurs.

Dans ces dernières années, un agent de cultures de l'Administration pénitentiaire, M. Jeanneney, s'est livré, sur l'huile volatile de niaouli, à d'intéressantes expériences dans le but de démontrer que ce produit possède d'excellentes propriétés antiseptiques. Les résultats de ces expériences ont été publiés sous le voile de l'anonyme, à la fin de 1888, dans un journal de Nouméa. Nous demandons à M. Jeanneney la permission de les reproduire ici en faisant connaître l'auteur :

« Des tubes à essai, remplis d'eau pure, mais non
« distillée, sont placés dans des boîtes où un grillage

« les maintient debout. Le couvercle de ces boîtes est
« une mousseline claire qui laisse pénétrer l'air et les
« microbes, mais empêche la poussière de tomber dans
« les tubes. Dans l'une de ces boîtes est une soucoupe
« au fond de laquelle on place une éponge imbibée
« d'essence de niaouli. L'autre boîte est munie des tubes
« seulement.

« *1re Expérience*. — Les boîtes sont placées dans
« une chambre à coucher, à 2 mètres au-dessus du sol.
« Au bout de 24 jours, la boîte où se trouve la soucoupe
« nous présente tous ses tubes limpides; l'autre boîte,
« au contraire, contient 8 tubes troubles sur 10.

« *2e Expérience*. — Les boîtes sont placées dans les
« lieux d'aisances. Au bout de 10 jours, les 10 tubes
« non protégés par l'essence sont troubles : des zoo-
« glœas flottent dans l'eau. Les autres sont limpides.

« *3e Expérience*. — 25 tubes sont placés à l'air libre,
« dans une boîte profonde, au fond de laquelle se trouve
« l'éponge imbibée d'essence de niaouli; 25 autres sont
« placés dans une seconde boîte, mais sans essence. Au
« bout de 43 jours, 17 tubes seulement sont limpides,
« les autres sont troubles. Dans la boîte de l'éponge,
« l'eau est très limpide. Nous cessons de renouveler
« l'essence de l'éponge : au bout de 11 jours, un des
« tubes se trouble, puis deux, puis trois. Après 39 jours,
« les 25 tubes sont plus ou moins troubles. »

M. Jeanneney ajoute :

« Une goutte d'essence tombée dans un seau où se
« trouvait un liquide en fermentation destiné à la dis-
« tillation, arrête tout dégagement d'acide carbonique.

« On s'aperçoit du fait et l'on renouvelle l'expérience
« avec le même résultat.

« Une peau lavée avec de l'eau contenant quelques
« gouttes de cette essence s'est admirablement desse-
« chée et conservée.

« Des liquides en décomposition ont été désinfectés
« simplement par l'addition de 10 gouttes du liquide. »

Ces expériences demanderaient à être complétées dans un laboratoire mieux outillé que ne l'était celui de M. Jeanneney; elles sont néanmoins intéressantes à plus d'un titre. Si les résultats annoncés étaient confirmés, on s'expliquerait facilement le rôle joué par le niaouli comme agent d'assainissement de l'atmosphère dans les régions marécageuses, et il y aurait lieu de l'importer dans les pays où règne l'endémie palustre. Une première tentative en ce sens a été faite par notre colonie du Sénégal qui, en 1888, a fait venir de Nouméa 200 kilogrammes de graines de niaoulis pour en essayer l'acclimatation. Nous ignorons les résultats obtenus.

Il est certain, dans tous les cas, que la fièvre paludéenne n'existe pas en Nouvelle-Calédonie, malgré les espaces considérables couverts de palétuviers, ces foyers accoutumés de la malaria dans les pays chauds; il est certain qu'on n'a pas vu et qu'on ne voit pas, à Nouméa, des cas authentiques de fièvre intermittente née sur place, malgré les grands travaux de nivellement et de terrassement qu'on y a faits depuis la prise de possession, et que l'on continue aujourd'hui encore.

Faut-il dire, avec notre collègue le Dr Legrand que le miasme paludéen n'existe pas en Nouvelle-Calédonie? Qu'il n'y a pas de marais véritables et que, par conséquent, le niaouli ne combat ni ne détruit rien, par la raison toute simple qu'il n'a rien à détruire (1)?

La question sera résolue par une expérimentation attentive.

AGRICULTURE.

Cocotier. — Pendant le séjour qu'il a fait à l'Île des Pins, au mois de juillet 1894, M. le gouverneur Feillet, frappé, d'une part, de l'oisiveté dans laquelle croupissent ici les relégués, animé, d'autre part, de l'idée généreuse de rendre utiles pour l'avenir tous les terrains de Kougnié restés jusqu'ici improductifs, a donné l'ordre de planter des cocotiers partout où on le pourra.

Nous applaudissons des deux mains à cette idée et à cet ordre, qui doteront l'Île d'une richesse incalculable.

Le cocotier est, en effet, l'arbre le plus précieux de tous ceux qui poussent dans les îles de l'Océanie. Contrairement à l'opinion émise par l'auteur de la *Notice sur la Nouvelle-Calédonie,* publiée au moment de l'Exposition universelle par ordre du sous-secrétaire d'État des colonies, nous pensons que le cocotier peut arriver à l'Île des Pins à son entier développement, et presque à son maximum de production.

Cet arbre doit être planté, de préférence, près de la

---

(1) Legrand, *loco citato*, p. 120.

mer, et dans tous les lieux exposés aux émanations salines qui contribuent beaucoup à la vigueur de sa croissance.

De toutes les cultures, c'est celle qui occasionne le moins de frais et qui donne le moins d'inquiétudes au colon. Le cocotier, en effet, ne redoute que peu ou point de maladies. Son plus dangereux, on pourrait dire son unique ennemi, serait la sauterelle; mais ce malfaisant orthoptère, véritable fléau pour la Nouvelle-Calédonie, n'a jamais paru à l'île des Pins. Pluie ou sécheresse, peu importe au cocotier. L'arbre pousse et fleurit quand même, et le fruit arrive à maturité malgré tout.

Pour se faire une idée de la valeur d'une plantation de cocotiers, il suffira de savoir que, dans un hectare de terrain, on peut planter 400 arbres et que chaque arbre rapporte, en moyenne, 2 fr. 50 par an rien qu'en coprah. C'est donc un revenu de 1,000 francs par hectare.

Pour ne pas être taxé d'exagération nous donnerons ici quelques détails explicatifs.

Le coprah, ou copro, est l'amande de coco desséchée et prête à être mise dans un moulin pour l'extraction d'une huile qu'on emploie à la fabrication de savons.

Chaque cocotier produit une moyenne de 70 cocos par an; un hectare fournira donc au planteur environ 28,000 cocos.

Chaque coco donne facilement un minimum de 150 grammes d'amande desséchée : il en faut donc de 6,000 à 7,000 pour fournir une tonne de coprah, ce qui donne, comme produit total, de 4 tonnes à 4 tonnes et demie de coprah par hectare.

Or, à l'heure où nous écrivons, le coprah, dont le prix est soumis à des fluctuations continuelles, arrive néanmoins à un taux minimum de 280 francs la tonne sur le marché de Sydney (1).

Mais le cocotier nous offre d'autres richesses que son coprah. L'enveloppe fibreuse qui entoure la noix est utilisée pour la corderie. Battue et peignée après rouissage, elle fournit des cordages très estimés, légers et réputés imputrescibles. Les mailles de ces fibres sont chargées d'une substance légère, élastique comme du liège, la cellulose : c'est le cofferdam proposé par l'amiral Pallu de la Barrière pour remplacer la cuirasse métallique des navires.

La brosserie tire aussi un excellent parti de ces fibres pour la confection des pinceaux à badigeon. On pourrait également utiliser les fibres du tronc de cocotier, qui sont très rudes et très solides, pour la fabrication des paillassons et de la vannerie légère.

Le brou d'un coco pèse, en moyenne, 700 ou 800 grammes ; chaque arbre en fournirait donc 4 kilogrammes environ, soit plus d'une tonne par hectare.

Ce que nous venons de dire démontre suffisamment

---

(1) Les chiffres que nous donnons sont certainement au-dessous de la vérité ; en effet :

D'après Jeanneney, on pourrait planter 700 cocotiers à l'hectare. Chaque arbre produit 80 cocos en moyenne et chaque coco donne de 5 à 600 grammes de coprah.

D'après le docteur Davillé, on doit planter seulement 300 cocotiers par hectare, mais le revenu annuel peut monter à 5 fr. par arbre.

la grande utilité de cet arbre qu'on a si justement appelé le roi des végétaux. Nous formons donc les vœux les plus ardents pour que la généreuse idée de M. le gouverneur Feillet ne rencontre pas, de la part de l'Administration pénitentiaire, la force d'inertie qu'elle a coutume d'apporter à toutes les entreprises présentant quelque intérêt pour la colonisation.

A côté du cocotier dont la valeur industrielle est considérable, se placent un certain nombre d'autres plantes indigènes ou importées, dont la culture ne nécessite aucun soin, et dont on peut, pourtant, retirer le plus grand profit.

Pandanus. — Le pandanus (*pandanus minda* de Vieillard et *pandanus spiralis*) pousse à profusion à l'île des Pins sur les coraux du bord de la mer. Ses feuilles, déchirées en lanières, donnent une paille de grande solidité utilisable pour la fabrication des chapeaux. L'Administration pénitentiaire en a fait et en fait encore une effrayante consommation pour coiffer les condamnés aux travaux forcés. Malgré cela, l'espèce n'en est pas détruite et l'industrie peut trouver, là encore, matière à ample récolte.

Bourao. — Le bourao, (*hibiscus tiliaceus*) est une malvacée indigène qui atteint de grandes proportions. Son bois donne des planches de couleur tendre dont on a fait de fort jolis meubles. On peut, avec son écorce, fabriquer de bons cordages; ses feuilles, enfin, contiennent un principe émollient connu de tout le monde en Nouvelle-Calédonie, où on les utilise sous forme de cataplasmes ou en décoction pour gargarismes.

Avec les feuilles et les fleurs on peut faire une excellente teinture rouge pour étoffes.

Le bourao, dont les rameaux sont très touffus et facilement dirigeables, ne perd jamais ses feuilles larges et épaisses ; on peut tailler cet arbre à la façon des ifs et des fusains : c'est donc un arbre tout indiqué pour clôturer les jardins ou pour ombrager les promenades.

Aloës. — L'aloës ou plutôt diverses variétés d'agaves, (*agave vivipara* et *Fourcroya gigantea*) ont été importées à l'Ile des Pins. Elle poussent dans les terrains les plus pauvres et ne nécessitent aucun soin. La reproduction s'opère d'elle-même par le moyen des bulbilles qui, de la hampe florale, tombent sur le sol à l'époque de la maturité.

Les feuilles de ces agaves donnent des fibres blanches, argentées, solides, que l'industrie peut utiliser de diverses manières. On en peut faire surtout d'excellents cordages et tout le monde a vu, en Nouvelle-Calédonie, les tapis, les hamacs, les filets, les dessous de plats, si artistement tressés avec ces fibres par les condamnés aux travaux forcés. Il serait également facile d'utiliser, pour la fabrication des casques coloniaux, la moëlle blanche et légère renfermée dans la tige. Un coiffeur de Nouméa a eu l'idée de confectionner, avec cette moëlle, des polissoirs pour rasoirs qui ont obtenu une récompense honorable à l'exposition d'Anvers.

S'il faut en croire M. Jeanneney, chaque pied d'agave donne 40 feuilles utilisables et un hectare de mauvais terrains planté en agaves, produirait 30,000 kilogram. de fibres brutes.

Vétiver. — Le vétiver (*andropogon muricatus*) est aussi une plante importée. On s'en sert dans le pays pour soutenir les remblais des routes. Chaque pied donne, en effet, une grosse touffe de racines dont le parfum est bien connu de tous. L'industrie, en dehors de la racine, peut aussi tirer parti de la paille, très abondante, pour la confection des chapeaux et l'agriculteur l'utilisera comme chaume de toiture. A ce dernier titre surtout le vétiver méritait d'être signalé.

Coton. — Le coton pousse bien à l'Ile des Pins, mais il me paraît inutile d'espérer en faire l'objet d'une exploitation industrielle quelconque.

Tabac. — Les déportés en avaient planté beaucoup et le consommaient sur place. Deux mois après le repiquage on peut cueillir de belles et larges feuilles. D'après M. Jeanneney, il est possible de faire deux récoltes par an sur le même pied et de récolter de 1,800 à 2,300 kilogrammes de tabac par hectare. Ces chiffres me paraissent exagérés. Je conseille néanmoins aux futurs colons de l'Ile des Pins de ne pas négliger cette source de revenus. — Il existe, à Nouméa, deux manufactures de tabac qui le payent, au producteur, de 0 fr. 60 à 1 fr. le kilogramme.

Mûrier. — M. le gouverneur Feillet a, dans ces derniers temps, fait appel à tous ceux qui, dans la colonie, pourraient lui fournir des renseignements pratiques sur l'élevage du ver à soie. Dans le cas où sa tentative d'acclimater le bombyx mori serait couronnée de succès, empressons-nous de dire que la culture du mûrier réussit à merveille à l'Ile des Pins. Les premiers que nous y avons vus ont été apportés dans l'île en 1881 par M. le lieutenant de vaisseau P.-J. Daniel, commandant de la *Caronade*. Il les avait plantés dans la plaine de Kaa.

Bananier. — Le bananier pousse bien à l'île des Pins. Il serait à souhaiter qu'on en tentât la culture méthodique comme je l'ai vu faire dans l'archipel des Fidji, d'où on en exportait mensuellement, en 1890, des quantités considérables. Sydney, à lui seul, recevait des Fidji, chaque mois, plus de 40,000 régimes de bananes; Melbourne et la Nouvelle-Zélande en importaient presqu'autant. J'ai lu quelque part qu'une bananerie rapporte 135 fois autant qu'un champ de blé de même surface dans le même laps de temps.

Le climat de l'île des Pins me paraît absolument convenir au bananier. Pour bien venir, il n'a besoin que d'un peu d'humidité, à condition, toutefois, de lui donner de temps en temps un léger labour ou simplement un bon sarclage.

Pour obtenir un beau régime pesant de 25 à 30 kilogrammes, il faut avoir soin de couper le bourgeon spathifère qui termine la hampe.

La facilité et la rapidité des communications entre l'île des Pins et Nouméa, permettraient aisément d'expédier au chef-lieu ces régimes, qui trouveraient là un écoulement facile et rémunérateur.

Il ne faut pas non plus oublier que la banane, coupée en tranches dans le sens de sa longueur et séchée au soleil, peut se conserver à la façon des figues ou des dattes. Nous en avons mangé d'excellentes, préparées ainsi à la mission de Vao. Ce serait un bon produit d'exportation, surtout si on avait soin de les tremper dans un sirop qui en cristallisait la surface.

La banane contient, d'après M. Corenwinder, près de 19 pour cent de sucre. Mise à fermenter, quand elle est bien mûre, dans de l'eau ordinaire, elle donne une boisson pétillante fort agréable. La distillation de cette liqueur donne naissance à l'eau-de-vie de banane.

Par la section d'une feuille ou l'incision du tronc de bananier, on obtient un liquide limpide très riche en acide tannique. Ce liquide constitue une bonne encre à marquer le linge, ainsi que nous en avons fait plus d'une fois l'expérience.

Enfin, j'ai vu utiliser les troncs de bananier, qui meurent après avoir produit leur régime, pour l'alimentation des porcs. On les coupe en tranches transversales et on les fait bouillir.

Papayer. — Les déportés n'avaient pas manqué de multiplier le papayer qui pousse dans tous les terrains et ne réclame aucun soin. Au moment de leur départ, en 1880, certains espaces de terrains en étaient littéralement couverts. Ils ont presque totalement disparu aujourd'hui.

Le papayer (*carrica papaya*) mérite qu'on le tire de l'oubli où il est tombé à l'Ile des Pins. La colonisation peut, en effet, en tirer un bon parti quoi qu'en dise un de nos camarades, qui a écrit d'excellents conseils aux émigrants à la Nouvelle-Calédonie.

Cet arbre fournit un très grand nombre de fruits jaunes à maturité, légèrement parfumés et gros comme un melon de moyenne taille. On les mange généralement crus, et l'on peut en faire aussi des confitures fort appréciées.

Les porcs sont très friands de la papaye et s'engraissent rapidement sous l'influence de cette nourriture.

Le suc laiteux qui s'écoule de toutes les parties de la plante peut être employé, étendu d'eau, à ramollir les viandes coriaces. Cette propriété du suc de papayer, bien connue de tous les coloniaux, a conduit certains expérimentateurs à l'essayer dans le traitement de la diphtérie, en ramollissant les fausses membranes qui seraient ainsi facilement expectorées.

De ce suc laiteux on retire une résine, la caricine, qui est un excellent vermifuge.

Arbre à pain. — Le rima ou arbre à pain, maioré des Tahitiens, est l'*artocarpus incisa* de la famille des urticées. Il est très répandu à l'Ile des Pins dans les villages indigènes qu'il abrite de son épais ombrage. Son fruit atteint le volume d'une tête d'enfant. Cuit au four ou soumis à la coction, il constitue un aliment sain et agréable. On fera bien d'en planter autour des habitations.

Arbres à fruits divers. — On trouve à l'Ile des Pins un grand nombre d'arbres à fruits importés; nous nous bornerons à les énumérer rapidement.

L'oranger et le mandarinier viennent bien mais, quoique savoureux, les fruits ne valent pas, tant s'en faut, ceux de la Nouvelle-Calédonie.

Toutes les variétés de citronniers poussent vigoureusement et donnent des fruits pendant presque l'année entière.

La pomme cannelle (*annona squammosa*) acquiert à l'île des Pins une saveur fort agréable.

Le pêcher rapporte au bout de deux ans et demi ou trois ans; ses fruits, quoique généralement petits, sont savoureux, parfumés, de bonne qualité, mais ils dégénèrent rapidement si l'on n'a pas le soin de tailler l'arbre chaque année.

Le manguier ne réussit que médiocrement. Les fruits sont petits et ont une saveur térébenthinée trop fortement prononcée.

L'avocatier vient bien; le fruit est gros et de bonne qualité.

Vigne. — Le R. P. Lambert a tenté, à Vao, la culture de la vigne. Il en a couvert près d'un hectare de terrain. Son but était, non pas d'obtenir des raisins de table, mais de faire du vin. Les résultats n'ont pas répondu à ses espérances.

La vigne pousse avec vigueur, mais les grappes de raisins, nombreuses et belles, n'arrivent pas en même temps à maturité; sur une grappe certains grains sont absolument mûrs alors que d'autres sont complètement verts. La vendange est donc fort difficile sinon impossible. On a fait néanmoins du vin, en petite quantité, avec des raisins triés presque grain à grain : il était de bonne qualité.

L'expérience a paru suffisante et on ne l'a pas renouvelée. La Mission se contente aujourd'hui d'envoyer vendre ses raisins aux fonctionnaires de l'île. Ces fruits ont un goût de terroir peu agréable, ainsi, du reste, que tous les raisins qu'on cultive en Nouvelle-Calédonie.

Barbadine. — La barbadine (*passiflora quadrangularis*) réussit à souhait à l'île des Pins ; son fruit, dont on ne mange que les graines et la pulpe sucrée et parfumée au milieu de laquelle ces graines sont enfouies, est un dessert très justement apprécié des gourmets, surtout quand on a soin d'arroser graines et pulpe de rhum, d'eau-de-vie, de kirsh et surtout de vin de champagne.

L'enveloppe charnue dans laquelle sont renfermées les graines a 2 ou 3 centimètres d'épaisseur. On peut en faire une excellente marmelade.

Légumes. — Les jardins potagers sont abondamment pourvus, pendant presque l'année entière, de tous les légumes d'Europe. Salades de toutes sortes, radis, poireaux, salsifis, choux, carottes, navets, etc., réussissent à merveille.

Les petits pois viennent bien sans avoir cependant la saveur fine des petits pois en France.

Je ne crois pas qu'on ait tenté ici la culture de l'oignon ; je pense qu'elle pourrait donner des résultats satisfaisants dans les terrains sablonneux.

La Mission produit des aulx de bonne qualité et d'assez gros volume.

Les haricots de toutes sortes sont d'un excellent rapport. On peut, avec beaucoup de soin, avoir des haricots verts pendant toute l'année. La graine arrive à maturité en moins de trois mois. Les meilleures semences à employer appartiennnet à la variété dite haricots de Païta. Ils tirent leur nom d'une petite localité située en Nouvelle-Calédonie, à 30 kilomètres de Nouméa. Ils ont été importés dans notre colonie par un des plus anciens colons, M. Metzger, qui s'est établi dans le pays en 1859.

Les asperges sont de bonne qualité et d'un bon rapport. On peut aussi avoir des artichauts mais, quelque jeunes qu'on les cueille, ils sont généralement durs et ne rappellent que de fort loin les artichauts de France.

Les tomates sont en abondance, même chez les indigènes, mais elles dégénèrent vite et arrivent à peine au volume d'une noix si on ne les cultive avec soin.

La pomme de terre trouve un excellent terrain dans les endroits sablonneux tels que la plaine de Kaa, à condition qu'on y apporte une bonne fumure. Ce précieux tubercule est de qualité parfaite et son rendement suffisamment productif. On peut faire deux récoltes dans l'année, en commençant à planter dans les premiers jours de mars.

Les fraisiers se multiplient avec rapidité; ils donnent pendant plusieurs mois de l'année d'excellents fruits. Sans avoir le parfum délicat de nos petites fraises des bois, celles de l'Ile des Pins sont cependant très savoureuses.

L'ananas réussit très bien : les fruits, de volume moyen, sont sucrés et parfumés.

Le maïs qui, dans notre colonie océanienne, remplace l'avoine pour les bêtes de somme, peut produire à l'Ile des Pins deux tonnes par hectare. On arrive facilement à avoir deux récoltes dans la même année et dans le même champ. Les cours moyens, à Nouméa, sont de 12 à 15 francs les 100 kilogrammes.

Igname — La base de l'alimentation, chez les indigènes, est l'igname, *dioscorea alata*. Elle atteint des dimensions vraiment extraordinaires dans les terrains ferrugineux de la base du plateau. Il n'est pas rare d'en rencontrer qui mesurent plus d'un mètre de longueur sur 0^{m}20 de diamètre.

Patate douce. — La patate douce (*convolvulus batatas*) est l'un des aliments féculents les plus agréables et les plus utiles des pays chauds. Les indigènes l'appellent coumala. Ils en cultivent de grandes quantités. Les feuilles peuvent être utilisées à la façon des épinards.

M. Porte, pharmacien principal de la marine, qui a fait un long séjour en Nouvelle-Calédonie, a présenté en 1890, à la Chambre d'agriculture de Nouméa, un fort intéressant mémoire sur la patate douce. D'après lui, la patate aurait été introduite vers 1840 à Balade par un naturel de l'archipel des Fidji. Mais les indigènes en firent peu de cas, et le précieux tubercule allait probablement tomber dans l'oubli quand arriva à Balade le R. P. Montrouzier. Celui-ci, qui connaissait la patate pour l'avoir appréciée dans son séjour à l'île Woodlark, où on la cultive avec soin, mit tous ses efforts à la propager parmi les Néo-Calédoniens. Bientôt les Européens eux-mêmes la firent entrer dans leur alimentation. Le rendement annuel en tubercules est considérable : il peut atteindre une moyenne de 30 tonnes à l'hectare.

D'après M. Porte, la patate douce renferme 14,40 0/0 de fécule; elle contient, en outre, une certaine proportion, 3,10 0/0, de sucre non cristallisable qui, par la fermentation, peut être transformé en alcool. « Le rendement en alcool — je cite textuellement — serait de 20 volumes ou 15,89 en poids pour un kilogramme, chiffre un peu faible. Mais cette quantité d'alcool devient beaucoup plus grande quand on a recours à des procédés qui permettent de saccharifier l'amidon. Dans ce cas, il faut renoncer à obtenir la fécule. On peut produire alors et recueillir jusqu'à 64 en volume, ou 50,80 en poids d'alcool par kilogramme de patates. Une tonne pourrait donc fournir 64 litres d'alcool à 100 degrés. »

Un échantillon de cet alcool a été envoyé à l'Exposition universelle par l'Établissement pénitentiaire de Fonwary (Nouvelle-Calédonie). La saveur du liquide n'est pas désagréable, mais nous ne pensons pas, néanmoins, qu'on puisse l'utiliser comme eau-de-vie.

Le taro (*arum esculentum*) est une aroïdée dont les racines féculentes sont en grand honneur, et à juste titre, parmi la population indigène. Les habitants de Kougnié le cultivent, mais cette culture est loin d'avoir, chez eux, l'importance qu'elle acquiert dans les tribus de la grande terre, où les tarodières font l'admiration de tous les voyageurs.

La culture du manioc ne donne pas, à l'île des Pins, les résultats qu'elle atteint en Nouvelle-Calédonie, où le rendement peut aller jusqu'à 42 tonnes de produit brut par hectare contenant de 6,000 à 7,000 pieds. Cela tient, pensons-nous, à deux causes afférentes l'une au climat, l'autre à la configuration même du sol. Le manioc, en effet, craint l'humidité constante et, par suite, il aime les terrains en pente qui se prêtent avec facilité à l'écoulement des eaux pluviales. Or, il pleut beaucoup moins fréquemment à la grande terre qu'à l'île des Pins, dont la zone cultivable n'a pour ainsi dire pas de terrains en pente.

Signalons enfin la canne à sucre, que les indigènes plantent çà et là, autour des champs d'ignames ou parmi les bananiers. Elle y vient belle, forte et succulente, mais l'île des Pins ne possède pas une assez vaste surface de terre pour que l'on songe à cultiver en grand cette précieuse graminée.

Café. — Dans cette énumération rapide des produits de l'agriculture à l'île des Pins, je n'ai pas, intentionnellement, parlé du café. J'estime, en effet, que le café, dont la culture prend de jour en jour un développement de plus en plus considérable en Nouvelle-Calédonie, ne doit pas rentrer au nombre des cultures à recommander aux futurs colons de l'île des Pins. Le café, certes, pousserait ici aussi bien qu'à la grande terre, et le rendement serait au moins égal à en juger par les quelques échantillons qui sont en pleine vigueur à la ferme d'Uro, mais les terrains à caféerie sont en trop petite quantité à l'île des Pins, pour qu'on puisse songer à en tirer parti. Contrairement à ce qui se passe en Nouvelle-Calédonie, où le sol recouvert par les forêts est composé d'un humus abondant, gras et épais, les bois de Kougnié reposent sur un terrain madréporique, caillouteux, ne représentant pas même 10 centimètres d'humus. Ainsi que nous l'avons dit déjà, on marche sur le corail et les arbres les plus puissants ont toutes leurs racines à la surface.

Les terrains épais, ceux par exemple où les Canaques font leurs ignames, conviendraient fort bien au café; mais, d'une façon générale, ils sont dépourvus d'arbres et par conséquent d'ombrage. Si l'on y plantait des caféiers il faudrait les abriter : ce serait du temps et de l'argent dépensés inutilement, à mon avis.

Les colons de l'avenir auront à se livrer à d'autres cultures moins dispendieuses et tout aussi rémunératrices. Qu'ils laissent le café aux colons calédoniens !

CHAPITRE IV

Les indgènes.

Sommaire : Population autochtone. — Arrivée à Kougnié des gens de Lifou. — Ils s'emparent du pouvoir. — Vandégou va combattre les Touaourous. — Les Kougniés ont été anthropophages. — La femme indigène. — Les cases canaques. — Comment on fait le feu sans allumettes. — Les armes de guerre. — Les outils. — Les instruments aratoires. — La pêche. — Les filets. — Les pirogues. — Origine de la grande pirogue double. — Superstitions des indigènes. — Croyance aux esprits. — Les pierres sacrées. — Pierre de la famine. — Pierre de la folie. — Pierre de l'arbre à pain. — Pierre des cocotiers. — Pierre pour les ulcères. — Pierre pour faire mourir. — Pierre du soleil. — Pierre pour la pluie. — Pierre pour la navigation. — Pierre pour la pêche. — Pierre de l'igname. — Pierre du taro. — Les sorciers médecins. — Thérapeutique indigène. — Takatas. — Les fêtes. — La fête des ignames. — Dénombrement. — Les Canaques exilés. — Les Maréens déportés.

Aucune tradition ne permet de déterminer vers quelle époque les premiers habitants ont fait leur apparition à l'île des Pins. Nous savons seulement qu'il n'existait point de chef suprême exerçant sa souveraineté sur l'île entière. La population autochtone était partagée en villages distincts, groupés par familles. Chaque famille et, par suite, chaque village avait un chef auquel on payait tribut. Toute monnaie étant inconnue, ce tribut consistait en vivres : ignames, taros, et en autres objets d'usage courant : nattes, filets, armes, etc...

A une époque relativement récente mais qu'il est impossible de préciser, des indigènes de Lifou (1) qui, pour des motifs inconnus, fuyaient la colère d'un des chefs de leur île, arrivèrent un jour à l'île des Pins après avoir touché à Touaourou, au Sud de la grande terre. Celui qui les commandait s'appelait Pilé ; on lui donnait aussi le nom de Kationaré.

Ils furent bien accueillis à l'île des Pins par Ti-Sali, chef des Ouamambaré, qui leur donna, près d'Uro, une terre appelée Ouigna.

Après des alternatives nombreuses d'entente et de querelles entre les autochtones et les nouveau-venus, Kationaré, dont l'humeur conquérante se pliait difficilement à l'obéissance vis-à-vis des chefs de villages et qui ambitionnait le pouvoir suprême, parvint, à force d'astuce et de politique adroite, à se faire proclamer chef souverain de l'île entière.

Il eut pour successeur son fils Ouamatenghé.

On comprend sans peine que toute la population indigène de Kougnié ait suivi avec la plus vive attention la

---

(1) Lifou est une des îles qui composent l'archipel des Loyalty, situé au Sud-Est de la Nouvelle Calédonie.

marche de plus en plus envahissante de ces étrangers qui s'étaient imposés en maîtres, aussi leur donna-t-on le nom de Ti-Théré (1), — ce qui signifie *regard fixe* — parce que tout le monde avait eu les yeux fixés sur ces deux chefs.

Ouamatenghé Ti-Théré épousa une fille d'une famille autochtone. Il eut pour successeur son fils Ouaéga, qui continua la conquête des villages de l'île commencée par son grand-père Pilé-Kationaré (2).

L'arrière-petit-fils d'Ouaéga, Kaoua-Vandégou, aussitôt au pouvoir, entreprit une expédition au Sud de la Nouvelle-Calédonie, contre les Touaourous, coupables, à ses yeux, d'avoir, par des sortilèges, provoqué la mort de son grand-père. Il revint de cette expédition en vrai triomphateur et c'est alors que, craignant pour l'avenir un retour offensif des vaincus, il fit construire la forteresse de Gadji dont nous avons fait la description dans un chapitre précédent.

C'est ce même Vandégou qui, en 1853, donna son île à la France dans les circonstances que nous raconterons.

A partir de ce moment l'histoire des indigènes de Kougnié se confond absolument avec celle des blancs qui ont occupé l'île.

---

(1) Dans les populations du Nord de la Nouvelle-Calédonie, quand on veut anoblir un personnage ou une tribu, on place, à la fin du nom patronymique, la particule Ma : Béhé-ma, Téama. Dans les tribus du Sud, on met la particule Ti devant le nom : Ti Kougnié, Ti-Sati, Ti-Théré.

(2) Ces diverses indications sont données par le R. P. Lambert dans son savant travail : *Les Hypogées de l'île des Pins*

Les Canaques de l'île des Pins sont grands et bien faits. Leur peau est beaucoup plus noire que celle des Néo-Calédoniens. Ils sont plus intelligents que ces derniers.

Ils étaient anthropophages mais leurs contacts fréquents avec les chercheurs de bois de santal qui ont visité si souvent leur île leur a fait perdre peu à peu leur féroce appétit de chair humaine.

La cause en est peut être aussi dans ce fait que les *santaliers* ont souvent laissé aux indigènes des porcs et de la volaille qui satisfaisaient leur instinct carnivore et pourvoyaient à leur alimentation quand, dans les mauvaises années, il y avait disette d'ignames et de taros.

Sauf les chefs, les Kougniés ont toujours été monogames. La femme est, sous tous les rapports, inférieure à l'homme. Jeune fille elle a de la grâce, de la pétulance, de la vivacité, mais la maternité fait rapidement disparaître ces charmes. Elle vivait sous la dépendance absolue du mari qui la traitait en véritable servante. Les choses ont changé grâce aux enseignements des missionnaires et, quoi qu'en aient dit certains observateurs trop superficiels, la *popinée* (c'est le nom qu'on donne à la femme) a, aujourd'hui, dans la famille, une situation qui vaut bien celle d'un grand nombre de femmes dans certaines campagnes de France.

Dans tous les cas, elle travaille assurément moins que beaucoup de nos paysannes; les gros travaux, quoiqu'on en dise, sont toujours accomplis par les hommes.

Les Canaques de l'île des Pins vivaient nus autrefois,

comme ceux de la grande terre; les femmes portaient
le *tapa*, sorte de ceinture fabriquée d'une substance
végétale. Aujourd'hui ils sont tous vêtus; quelques-
uns même portent des chaussures; beaucoup d'entre
eux ont des chapeaux et des parasols européens pour se
préserver du soleil.

Leurs maisons sont basses et enfumées; elles sont
formées d'un squelette en gaulettes; les murailles sont
faites en écorces de niaouli très habilement superpo-
sées; la toiture est en chaume. Une seule ouverture
donne accès dans l'intérieur de la case : c'est un trou
percé dans la muraille, au ras du sol, entre deux po-
teaux, et qui a environ 70 à 80 centimètres de hauteur
sur 60 à 70 centimètres de largeur.

Toutes les cases affectaient jadis la forme circulaire;
les indigènes leur donnent maintenant une forme rectangulaire. Je n'ai pu savoir la cause de ce changement
dans leur architecture. Nuit et jour brûle au centre de
la case un feu duquel se dégage une fumée âcre et suf-
focante qui n'a aucune issue.

C'est vers l'année 1846 que les Canaques de l'Île des
Pins ont vu, pour la première fois, des allumettes. A
cette époque ils s'enfuyaient, effrayés, quand un Européen en enflammait une devant eux. Ils obtenaient le feu
au moyen de deux morceaux de bois qu'ils frottaient l'un
contre l'autre de la façon suivante. Les bois choisis étaient
de deux espèces: un bois tendre, un bois dur : ce dernier,
taillé en sifflet, avait 20 ou 25 centimètres de long sur 20 à
25 millimètres de diamètre. On fixe à terre le bois tendre
qu'on a taillé, dans le sens de sa longueur, pour obtenir

un plan horizontal; saisissant alors à deux mains, comme une godille, le morceau de bois dur, on en promène d'avant en arrière l'extrémité taillée sur le bois tendre. Au bout d'un moment, on a formé une rainure qui s'approfondit peu à peu; à mesure qu'on frotte, une poussière fine et ténue vient s'accumuler à l'extrémité de la rainure produite. On accélère un peu le mouvement, le bois s'échauffe; au bout d'un instant une fumée légère apparaît et, bientôt, la poussière de bois entre en ignition.

Quelques minutes à peine suffisent pour obtenir ainsi du feu. Les mouvements de frottement ne sont ni durs ni trop rapides; mais il y a à donner, pour mener à bien l'opération, un certain tour de main difficile à acquérir. Nous avons plus d'une fois tenté l'expérience et toujours en vain, tandis qu'avec les mêmes morceaux de bois, un Canaque réussissait à merveille.

Les missionnaires ont inutilement tenté de faire abandonner aux indigènes leurs logements si insalubres. La persuasion, les bons conseils ne suffisant pas, le R. P. Lambert a voulu établir de jeunes ménages dans des maisonnettes bâties à la façon européenne, avec des portes et des fenêtres. Il a échoué dans sa louable entreprise.

Seuls, le chef Samuel et sa femme Hortense habitaient la maison dont nous avons parlé au commencement de cette étude et qui sert aujourd'hui de résidence à leur successeur Abel; mais, malgré le degré de civilisation avancée auquel étaient arrivés ces deux chefs, ils abandonnaient l'un et l'autre leur demeure si confortable pour se réfugier dans une grande case indigène, dès qu'ils étaient atteints de quelque indisposition nécessitant le séjour au lit. J'ai eu plus d'une fois à donner mes soins à Hortense et à Samuel, et chaque fois, je les ai trouvés dans leur grande case, couchés sur un lit épais d'herbes et de nattes, près du foyer traditionnel. Les proches parents, les chefs de villages, quelques grands chefs même venus de Touaourou ou des Loyalty se tenaient assis çà et là dans la case, observant un religieux silence devant le malade si respecté et si aimé.

Les armes de guerre étaient à l'Ile des Pins les mêmes que celles que l'on trouve encore dans les tribus du Nord de la Nouvelle-Calédonie : la hache circulaire en jade poli et aminci, la sagaye en bois durci au feu, les casse-têtes de formes bien connues et aussi la fronde. Les indigènes ont, depuis de longues années, renoncé à l'usage de ces armes ; ils ne polissent plus la pierre et, s'ils font encore des casse-têtes, c'est surtout pour les vendre aux Européens. Quant à la sagaye, ils en ont garni l'extrémité de trois ou quatre longues pointes de fer et ils s'en servent pour la pêche à la façon d'un harpon qu'ils manient avec la plus étonnante dextérité.

Les seuls outils de travail qu'ils aient empruntés aux Européens sont : le couteau de poche, le grand couteau à canne à sucre dit sabre d'abattis, la scie et la hachette en acier ou tomahaw qu'on prononce ici tamioc.

Leurs instruments aratoires se réduisent à de simples perches en bois à extrémité effilée. Il faut voir avec quelle habileté ils s'en servent pour creuser les trous profonds dans lesquels ils plantent les ignames! Deux ou trois hommes munis chacun d'un de ces instruments primitifs, les enfoncent simultanément dans la terre, puis les retirent aussitôt en leur imprimant un léger mouvement de bascule. La terre, ainsi remuée, est immédiatement saisie par une femme qui, agenouillée sur le sol, se sert de ses deux mains réunies comme d'une pelle vivante pour rejeter la terre sur les bords du trou.

La pêche sur la côte et sur les plages de corail se fait avec la sagaye décrite plus haut; sur les plages de sable et pour la pêche en pleine eau les Canaques se servent d'un long filet rectangulaire monté à la façon de nos sennes, et dans lequel le plomb est, le plus souvent, remplacé par un chapelet de cailloux ronds et lourds et le liège par des écorces de niaouli pliées en petits paquets.

Le filet ordinaire, servant à pêcher le poisson commun, est en fibres de magnagna (1). La pêche du thon et de la tortue se fait au moyen de filets en fibres de cocotier.

---

(1) Le magnagna est le *pachyrrhizus montanus*, de la famille des papilionacées. On le trouve assez communément à l'Île des Pins. Il pousse à l'état sauvage, ne donne jamais de fruits et ne se reproduit que par ses rhizômes qui constituent un aliment féculent d'une saveur assez agréable. Les tiges, rouies et râclées, donnent de belles fibres plates, argentées, que l'on peut comparer à la paille de pia des Tahitiens. Les chevaux et les bœufs sont très friands du magnagna qui, malheureusement, tend à disparaître.

Les indigènes de l'île des Pins sont excellents marins. Ils ont trois sortes de pirogues, qui méritent d'être décrites avec assez de détails.

1° Une pirogue simple : elle n'est autre chose qu'un tronc d'arbre évidé à la façon des pirogues des nègres d'Aden. Elle a 4 ou 5 mètres de longueur. Pour qu'elle ne puisse pas chavirer, les indigènes lui ont adapté un balancier, pièce de bois ayant la même longueur que la pirogue, placée parallèlement à celle-ci et maintenue à 3 mètres de distance par deux barres transversales partant de chaque extrémité. Cette pirogue est mise en mouvement soit par des pagayes, soit surtout en poussant du fond au moyen d'une perche. Elle n'est usitée que sur la côte ou dans les baies peu profondes.

2° Une pirogue, simple également, mais de proportions beaucoup plus considérables et agencée de telle sorte qu'elle peut tenir la haute mer. Quelques-unes dépassent 10 mètres de longueur et comme les arbres pouvant donner une bille droite de pareille dimension sont relativement rares, les Canaques ont imaginé de les faire quelquefois en deux morceaux accolés l'un à l'autre après une section transversale bien nette. La réunion des deux pièces de bois s'obtient au moyen de sutures d'une solidité extrême faites avec des fibres de cocotier. Ces pirogues sont munies d'un balancier.

Sur la pirogue proprement dite, c'est-à-dire sur l'arbre évidé, s'élève une superstructure de 0^m60 à 0^m80 de hauteur : c'est une plate-forme, un pont véritable qui atteint jusqu'à 2^m50 de largeur sur 4 mètres de longueur. Au milieu de la plate-forme est un petit auvent destiné à abriter les provisions. Cette pirogue est munie d'une grande voile triangulaire à sommet inférieur très aigu, supportée à l'extrémité d'un mât qui se place au milieu d'un des côtés de la plate-forme. Cette voile est l'unique moteur. On gouverne à l'aide d'une haute et large pagaye. Pour virer de bord, car on peut louvoyer avec cette pirogue, on se contente de transporter le sommet inférieur de la voile d'une extrémité à l'autre de l'embarcation en changeant l'amure de côté. Le côté tribord devient le côté bâbord, l'avant devient l'arrière et le lourd appareil arrive à filer 5, 6 et même 7 nœuds.

3° Une grande pirogue double, dont les indigènes ont le droit d'être fiers car elle constitue un appareil véritablement très bon. Nous ne croyons pas qu'on puisse voir la pareille dans aucun autre pays.

Elle se compose de deux longues pirogues simples choisies autant que possible de dimensions absolument semblables. Elles sont reliées entre elles par un bâti de solides madriers qui laisse entre les troncs d'arbres un espace de 2^{m}50 environ. Sur ce bâti, dont le bord supérieur s'élève à 1^{m}50 environ au-dessus de l'eau, est construite une plate-forme munie d'une rambarde. Cette plate-forme occupe à peu près les deux tiers de la longueur totale de l'appareil. Elle déborde le bâti de soutènement de 0^{m}50 environ sur les quatre côtés.

Il est à remarquer que pas un clou, pas une cheville n'entre dans cette construction. Toutes les parties en sont maintenues en place par des sutures en fibres de banian ou de cocotier, et cela forme un tout d'une solidité extrême, avec un pont spacieux sur lequel peuvent se mouvoir aisément une trentaine d'hommes.

Ici, comme dans la pirogue précédente, nous trouvons une petite case sur le pont. Le moteur est aussi une voile unique triangulaire se manœuvrant comme l'autre; pour gouvernail, une pagaye.

Les Canaques entreprennent de longues traversées sur cette pirogue qui marche facilement 6 ou 7 nœuds.

Il nous parait intéressant de reproduire ici ce que dit le R. P. Lambert à propos de l'origine de ce vaisseau primitif :

« Dans le Nord de la Nouvelle-Calédonie, la pirogue
« double a deux voiles et pas de case sur le pont. Dans
« le Sud, il y a une case au centre du pont et une seule
« voile dont la surface doit égaler les deux anciennes.
« Quelle a pu être la cause de ce changement? Voici
« comment on l'explique à l'île des Pins. Sous un chef
« qu'on dit être Kaona, des étrangers arrivèrent dans
« l'île sur une grande pirogue. Cette pirogue, qui n'avait
« qu'une voile avec une chambre sur le pont, voguait
« parfaitement bien. Elle provoqua l'admiration de
« tous et, sans hésiter, on adopta le nouveau système
« pour le pays. Les Kougniés sacrifièrent ainsi leur
« vieille pirogue à laquelle, paraît-il, ils avaient trouvé
« le moyen d'adapter un faux-pont. Ce faux-pont, tout
« en offrant certains avantanges, devait avoir bien des
« inconvénients. Ils lui préférèrent la chambre sur le
« pont. Les hommes de l'île des Pins disent que ces
« visiteurs étrangers venaient du côté de Tonga. »

Quoi qu'il en soit, cette pirogue est excellente.

« Bien qu'on ne puisse pas donner le nom de religion
« aux superstitions dont sont imbus les Canaques, il
« est indéniable qu'ils possèdent à un haut degré l'idée
« du surnaturel. » Ainsi parle M. Cordeil dans son
ouvrage *Origines et progrès de la Nouvelle-Calédonie.*
Cela est vrai du Nord au Sud et, si on lit d'une part les
savantes études du R. P. Lambert sur les *Mœurs et
coutumes de la tribu des Bélep*, petit archipel qui termine la Nouvelle-Calédonie au Nord, si on lit les
Hypogées de l'île des Pins ; si, d'autre part, on parcourt
avec attention tout ce qui a été écrit sur les tribus du
centre, on s'aperçoit vite que, à l'exception de quelques
différences de détails, toutes ces tribus ont été régies
« par un coutumier presque identique », suivant l'expression du R. P. Lambert.

La croyance aux esprits, bons ou mauvais, est générale. Il y en a partout : dans l'air, dans la terre, dans la
mer ; les forêts en sont peuplées ; les grottes en recèlent dans leur profondeur ; la santé, la maladie et la
mort même sont des effets de leurs volontés ou de leurs
caprices ; ce sont les esprits qui provoquent les tempêtes ; d'eux dépendent l'abondance ou la disette ; ce
sont eux qui décident du sort des batailles.

L'histoire des ces croyances n'offre plus qu'un intérêt
rétrospectif puisque les Kougniés ont, depuis longtemps, abandonné les superstitions anciennes pour
embrasser le catholicisme ; nous croyons cependant
devoir nous y arrêter un moment.

Chaque tribu a son sorcier qui, seul, a le pouvoir de
communiquer avec les esprits. Qu'il s'agisse d'une

faveur à obtenir ou d'un malheur à éviter, rien ne se fait sans que les esprits soient invoqués.

Je voudrais pouvoir reproduire ici en entier les pages si intéressantes écrites par le R. P. Lambert sur ce sujet; qu'on me permette seulement de les résumer aussi brièvement et aussi exactement que possible.

Toutes les cérémonies religieuses sont longues et compliquées, mais un fait domine : c'est l'emploi d'une pierre sacrée différente pour chaque évocation. Ces pierres sont généralement en jade poli et taillé; on leur donne à peu près la forme des objets auxquels elles sont destinées; quelques-unes sont d'un fort beau travail. Nous avons pu voir toutes ces pierres, grâce à l'obligeance du R. P. Lambert qui en possède toute la collection.

Passons-en quelques-unes en revue en donnant la description succincte de la cérémonie qui s'y rattache.

Pierre de la famine. — Elle est en jade poli. Il est difficile de lui assigner une forme. On l'utilise surtout quand on veut plonger une tribu dans la disette.

A cet effet, l'évocateur se rend au cimetière — c'est toujours une grotte — où est cachée la pierre. Il la prend et, après l'avoir vigoureusement frottée avec certaines plantes inconnues des profanes, il en badigeonne en noir une moitié et enfouit dans la terre cette portion noircie. Invoquant alors les esprits des ancêtres, le sorcier les prie de ne plus laisser croître aucune moisson dans le pays.

Plus tard on voudra faire revenir l'abondance. Dans ce but le sorcier, sortant la pierre du trou dans lequel il l'avait précédemment placée, la frotte encore avec des herbes, l'arrose d'une eau préparée par lui-même, met en terre la portion de la pierre qui, précédemment, était à découvert ; puis, il fait une invocation et… la disette doit cesser.

Pierre de la folie. — C'est une pierre brute, non taillée, non polie, choisie par le sorcier et cachée, comme les autres pierres sacrées, dans un cimetière. Veut-on faire commettre à tel ou tel individu des actes incohérents ? Le sorcier prend cette pierre, la frappe à coups redoublés avec un bois spécialement choisi pour cette cérémonie et l'individu visé perdra la raison. Le sorcier pourra la lui rendre après lui avoir fait boire, dans le cimetière et en présence de la pierre, une eau préparée par ses mains toute-puissantes.

Pierre des cocotiers. — Cette pierre est travaillée avec soin ; sa surface est toute chargée de rayures noires qui figurent assez exactement des feuilles de cocotier. Elle sert à obtenir une bonne récolte de cocos quand, la tenant entre ses mains, le sorcier a invoqué les esprits dans le cimetière.

Veut-on, au contraire, jeter un maléfice sur la plantation de cocotiers d'un ennemi ? On prend — on, c'est toujours le sorcier — on prend une autre pierre qui a la forme d'un jeune coco étiolé ; on la frictionne, dans le cimetière, avec des feuilles connues du sorcier seulement, puis elle est déposée dans un trou creusé au pied d'un des cocotiers de la plantation. Tous les fruits doivent dès lors avorter.

Pierre de l'arbre à pain. — « Pour faire fructifier

l'arbre à pain, les sorciers ont deux pierres imitant, l'une le fruit rudimentaire qui sort à peine de la branche, et l'autre figurant le fruit à sa maturité. Quand la saison arrive, et que le travail de la sève fait sortir le fruit de la branche, ils vont chercher la petite pierre, et, après les prières et formalités d'usage, ils l'enfouissent au pied d'un de ces arbres. A cette condition, on obtient de fixer les jeunes fruits à la branche et d'éviter le coulage.

Quand les fruits paraissent fixés et de bonne venue, il faut les faire grossir. Alors on va chercher la grosse pierre pour remplacer la petite au pied de l'arbre, et, quand les fruits sont arrivés à maturité, on les rapporte toutes les deux au cimetière » (1).

Pierre pour les ulcères. — C'est une pierre brute percée d'un trou vers le milieu. Le sorcier la place sur un foyer ardent, alimenté par certains bois désignés par le coutumier, et, tandis que la flamme lèche les contours de la pierre sacrée, il invoque les esprits et leur demande de couvrir d'ulcères l'individu objet de la cérémonie.

Pierre pour faire mourir. — Le R. P. Lambert possède trois de ces pierres; chacune d'elles provient de trois différentes familles. L'une est en jade, elle a la forme d'un épissoir double; c'est un véritable objet d'art. La deuxième est en schiste, elle est taillée en pioche et présente à son centre un trou parfaitement

---

(1) R. P. Lambert, *Les Hypogées de l'île des Pins.*

arrondi. La troisième, également en schiste, a une ressemblance marquée, moins la longueur, avec les anciens sabres de la gendarmerie à pied.

Toutes les cérémonies nécessitées pour l'emploi de cette pierre sont entourées du plus grand mystère. C'est à grand'peine que le R. P. Lambert a pu se procurer des renseignements à ce sujet. Voici textuellement, d'après lui, la manière de procéder :

« L'opérateur prend un panier en joncs, place dans
« ce panier des feuilles d'arbres déterminées par le cou-
« tumier; il suspend la pierre à l'ouverture du panier,
« en la fixant légèrement par les deux extrémités ; il
« pose ensuite transversalement une petite pierre,
« oblongue, rugueuse, dans l'échancrure de la pierre
« dans le trou de la pierre et au-dessus de la pierre,
« (suivant qu'on s'est servi d'une des trois pierres
« que nous avons décrites plus haut). Il va ensuite sus-
« pendre le panier à un arbre, pour que le vent puisse
« facilement l'agiter et provoquer le frottement de la
« petite pierre sur la grosse.

« Celle-ci représente le cœur de la victime désignée
« à la mort, lequel, en vertu du frottement, se trouve
« rongé par l'esprit malfaisant. Cette opération se fait
« avec un grand appareil préliminaire pour l'offrande
« et le sacrifice. Préalablement, il faut faire la pêche
« aux mulets. Le mulet est le seul poisson admis dans
« ces sortes de sacrifices. On y voit figurer aussi une
« espèce de banane qui, par le fait, devient sacrée et
« que personne ne doit manger sans s'exposer au ma-
« léfice. Pour la circonstance, on prépare beaucoup de

« vivres. L'évocateur en mange un peu et laisse le
« reste pour les esprits » (1).

Pierre du soleil. — Son nom indigène est Vu-gni. C'est un disque percé d'un trou. On s'en sert quand on veut frapper d'une grande sécheresse les cultures d'un ennemi. La cérémonie a lieu dès le matin. Avant le lever du soleil, le sorcier vient au lieu sacré où repose la pierre ; il apporte avec lui des offrandes d'ignames, de taros, etc., destinées aux esprits des ancêtres.

A l'instant où le soleil paraît à l'horizon, l'évocateur prend la pierre d'une main, de l'autre il tient un charbon ardent qu'il passe et repasse dans le trou qui traverse le disque et il prononce ces mots : « J'allume le
« soleil pour qu'il mange votre terre et qu'on ne trouve
« plus de vivres dans le pays. »

Pierre pour la pluie. — Tous les hommes de la tribu prennent part à la cérémonie qui a pour but de demander la pluie.

Dans le lieu du sacrifice, préalablement orné et entouré d'une palissade, on apporte une grande quantité de vivres destinés aux ancêtres défunts ; leurs crânes sont tous là, rangés sur une même ligne ; devant les crânes sont placées plusieurs marmites dans lesquelles on verse une eau spécialement préparée par le sorcier pour cette cérémonie.

C'est alors que l'évocateur met dans chaque marmite une pierre arrondie en forme de crâne ; puis, montant

---

(1) R P. Lambert, *loco citato.*

sur un arbre, il interroge l'horizon du regard pour y découvrir un nuage. Dès qu'il en a vu un, il agite en tous sens une branche qu'il tient à la main et fait de grands gestes des bras, comme pour élargir le nuage.

Pierre pour la navigation. — Elle est taillée en forme de bois de pirogue. Si l'on veut obtenir une heureuse navigation, la pierre est placée par le sorcier en face le crâne des ancêtres, l'ouverture tournée en haut. Veut-on, au contraire, faire échouer une pirogue ennemie? L'ouverture de la pierre est retournée vers le sol.

Pierre pour la pêche. — Chaque espèce de poisson a sa pierre sacrée, conservée au cimetière dans de grandes coquilles. L'évocateur mâche certaines feuilles d'arbre et humecte la pierre de salive après l'avoir badigeonnée en plusieurs couleurs dans le sens de sa longueur. Il met alors la pierre debout devant les crânes des ancêtres en adressant à leurs esprits la prière suivante : « Aidez-nous, afin que nous soyons heureux à la pêche. »

Détail original, que je copie textuellement : « Un homme veut-il acheter le droit d'agir sur tel poisson pour l'attirer dans son filet? Il doit en faire la demande à l'évocateur. Celui-ci broie dans sa bouche les feuilles d'un certain arbre, et souffle en crachant dans la bouche du demandeur, qui doit avaler. C'est à cette condition qu'il reçoit l'inspiration pour tout ce qui concerne la pêche du poisson qu'il convoite » (1).

---

(1) R. P. Lambert, *loco citato*.

Pierre de l'igname. — Il existe autant de pierres différentes que d'espèces d'ignames. Le sorcier enterre la pierre dans le champ où est planté le précieux tubercule, après avoir répandu sur elle certaines eaux préparées et l'avoir essuyée avec des feuilles cueillies et choisies par lui-même. Il offre alors aux esprits des ancêtres des ignames et du poisson, qu'il fait cuire sur le lieu même du sacrifice, en disant la prière suivante : « Kotsitéré mé, Kou-noté ; voici notre offrande pour que la récolte d'ignames soit abondante. »

Pierre du taro. — La cérémonie est la même que pour la pierre de l'igname.

En somme, les indigènes avaient recours aux esprits dans presque toutes les circonstances de leur existence et, comme les invocations ne pouvaient être faites que par les sorciers, on comprend l'importance de ceux-ci dans la tribu, et le respect dont ils étaient entourés.

Leur rôle ne se bornait cependant pas à celui de prêtres, ils étaient aussi médecins.

Les saignées locales, qui se pratiquaient au moyen d'une coquille d'huître amincie sur son bord, étaient et sont encore extrêmement en honneur, avec cette seule différence qu'un morceau de verre coupant a remplacé la coquille.

Les cautérisations à l'aide de tisons enflammés jouaient et jouent toujours un rôle important dans la thérapeutique indigène. Souvent aussi on employait le feu comme révulsif, et j'ai eu plus d'une fois l'occasion de constater des cicatrices de brûlures méthodiquement placées sur la région du cœur chez des gens manifestement atteints d'une affection cardiaque. Enfin, on faisait grand usage de certaines plantes *intus et extra*. On a répété bien des fois que les Canaques connaissaient et employaient des substances abortives; je n'ai pu vérifier le fait. Il est à noter, du reste, que les indigènes sont d'une discrétion absolue en ce qui concerne les plantes médicamenteuses, journellement employées par eux, et je dois aussi m'empresser d'ajouter que les Kougniés n'ont plus guère recours aux manœuvres empiriques de leurs sorciers, depuis qu'ils savent que le médecin de la marine, en service à l'Ile des Pins, est toujours prêt à leur donner ses soins.

Qu'il me soit permis de rectifier ici une erreur que propagent, sans s'en douter certainement, la plupart de ceux qui ont écrit sur les Canaques. D'après presque tous les auteurs, les médecins indigènes portent le nom de takatas. On commet là une confusion.

Il n'existe pas de langue calédonienne comme il existe une langue tahitienne, une langue fidjienne. Chaque tribu, dans notre colonie océanienne, a son dialecte particulier. Les gens de Bélep, au Nord, ne comprennent pas plus les gens de Kougnié au Sud, que les tribus de la Foa, à l'Ouest, n'entendent celles de Canala à l'Est. Il serait donc étrange qu'au milieu de cette diversité de langages, un mot unique, takata, serve du Nord au Sud à désigner le sorcier médecin. A mon avis, et c'est aussi celui de tous ceux qui habitent le pays depuis de longues années, le vocable takata est la corruption facilement compréhensible du mot *docteur* en français ou *doctor* en anglais. Les Canaques, à quelque tribu qu'ils appartiennent, prononcent ce dernier mot « docotor » en laissant à peine sentir l'*r* final, en faisant presque un *t* du *d* initial ; et comme le Néo-Calédonien parle généralement très vite, nous entendons tacata lorsqu'en réalité l'indigène dit *docotor*. Chez les Kougniés, le sorcier s'appelle *dou*.

Les *pilous-pilous* sont encore fort en honneur sur la grande terre ; ils ne se dansent plus à l'île des Pins.

Je ne connais guère, en dehors des fêtes religieuses toujours célébrées en grande pompe, qu'une seule fête indigène qui mette en liesse la population de l'île ; c'est la fête des ignames. Elle a lieu vers mars ou avril, au moment où va commencer la récolte du précieux tubercule.

Les Canaques de l'île entière ont été conviés à la cérémonie. A chaque champ on a pris quelques ignames qui sont apportées sur la place de l'Église.

Sous la surveillance des chefs de villages, on forme un grand nombre de tas symétriquement rangés et placés sur deux lignes parallèles. On y ajoute des patates douces, des taros, des cannes à sucre et l'on arrive ainsi à constituer toute une série de pyramides de victuailles au sommet de chacune desquelles on place du poisson fumé. Il y a autant de lots qu'il existe de groupes de familles.

Quand tout est prêt, la foule se range, en toilette de fête, autour de cet amas de provisions.

Le chef de l'île préside à la cérémonie et je ne puis me rappeler sans plaisir quelle aménité la reine Hortense déployait ce jour-là.

Ayant à ses côtés son mari Samuel, les missionnaires et les principaux fonctionnaires de l'île, elle se tenait devant une longue table préparée à cet effet et toute couverte de mets indigènes; des plats et des assiettes en feuilles de cocotiers artistement tressées tenaient lieu de vaisselle; les nappes étaient remplacées par les feuilles larges de bananiers.

L'orateur de la tribu, un vieillard, se tenait près de là. Il haranguait un moment la foule, puis désignant du geste une des pyramides, il demandait à Hortense : « A qui est destiné ce lot? » Chacun recevait ainsi sa part. Aussitôt la distribution faite, les invités de la cheffesse se mettaient à table et goûtaient la récolte nouvelle arrosée de lait de coco, tandis que les indigènes se groupaient par villages, devant le tas qui avait été alloué à chacun d'eux, et en faisaient la répartition par familles. Alors, on s'installait par terre, ici et là, hommes, femmes et enfants pêle-mêle et l'on mordait à belles dents dans les cannes à sucre et le poisson fumé.

Les choses n'ont pas changé; la fête est toujours célébrée avec le même cérémonial ainsi que nous avons pu le voir l'année dernière.

La population autochtone de l'Ile des Pins s'élève à 700 individus environ.

Si l'on y joint, d'une part, les Canaques exilés à la suite de l'insurrection de 1878, et, d'autre part, les indigènes que le bureau de l'immigration envoie ici en punition avec une désinvolture qui n'a d'égale que la facilité avec laquelle on les y oublie, même dans le cas de fautes très légères (1), on arrive au chiffre de 1,500 indigènes pour l'île tout entière.

Les plus importants des centres habités par les Kougniés sont, après la mission de Vao, Kaumagna, Ouapan et Gadji.

En dehors de leurs cultures ils s'occupent de pêche, élèvent des porcs et récoltent du coprah. Ces deux derniers produits sont portés à Nouméa par les grandes pirogues.

Un indigène a eu l'idée d'ouvrir, à Vao, un magasin d'objets divers et usuels : étoffes, cotonnades, parapluies, couteaux, etc., qui s'écoulent assez facilement.

Les enfants des deux sexes fréquentent très assidûment les écoles. Il restent généralement en classe, les filles surtout, jusqu'à l'époque de leur mariage.

Ainsi que nous l'avons dit plus haut, en dehors des travaux scolaires, les filles apprennent la couture et quelques jeunes gens deviennent, sous la direction des Frères, des ouvriers maçons, menuisiers et charpentiers d'une habileté suffisante.

Quant aux Canaques exilés, ils sont répartis dans les nombreux villages qui s'étendent entre Oudia et Ouadchia. Il leur est interdit d'avoir des armes et de pos-

---

(1) J'ai connu des indigènes en exil à l'Ile des Pins depuis plus de 2 ans pour avoir été trouvés une fois en état d'ivresse à Nouméa ! M. le gouverneur Feillet vient, heureusement, de mettre fin à cet état de choses si contraire à toute justice. Désormais, les peines prononcées contre les indigènes par le bureau de l'immigration sont toutes soumises à la sanction du chef de la colonie.

séder des pirogues. Ils vivent de la vie contemplative si chère aux Canaques, partageant leur existence entre la culture des terres qui leur sont allouées, et les longues conversations dans la case, auprès du foyer.

Deux fois par semaine, le mercredi et le samedi, ils viennent à Uro et à Kuto vendre aux blancs quelques produits : choux, tomates, koumalas, taros, ignames, manioc et bananes.

Quelques-uns d'entre eux ont embrassé la religion catholique ; mais, d'une façon générale, ils restent réfractaires aux enseignements des missionnaires, bien que presque tous leurs enfants fréquentent les écoles de Vao.

Je crois pas qu'il y ait eu un seul mariage entre eux et les Kougniés.

Dans ces derniers temps, il y avait à l'île des Pins une quinzaine de gens de Maré (Loyalty) qui s'étaient trouvés plus ou moins compromis dans les troubles politiques dont cette île est trop souvent le théâtre. A son passage à l'île des Pins en juillet 1894, M. le gouverneur Feillet les a tous gráciés, à l'exception du chef Godchéné et du teacher Kanéné qui, plus dangereux politiquement que les autres, devront rester quelque temps encore en exil.

Ce n'est pas sans appréhension pour la tranquillité de son île qu'Hortense avait vu arriver, en 1878, les exilés de la grande terre. Ses craintes ont paru un instant fondées. La femme — l'éternel féminin — a failli, en effet, provoquer des troubles graves. L'effervescence s'est calmée grâce au gouverneur, l'amiral

Courbet qui, lors d'une visite faite par lui à l'Ile des Pins en 1881, a écouté d'une oreille attentive les plaintes que lui adressaient à ce sujet quelques exilés. Peu de temps après on leur envoyait un certain nombre de leurs femmes qui étaient restées, depuis l'insurrection, dans les tribus pacifiées de la grande terre.

Depuis ce moment la paix est parfaite, Autochtones et exilés vivent paisiblement côte à côte, mais sans se mélanger.

CHAPITRE V

Histoire.

SOMMAIRE : Cook découvre l'île des Pins en 1774. — Établissement d'une mission catholique à Vao en 1848. — Mort du R. P. Goujon. — Prise de possession de l'île des Pins par l'amiral Febvrier-Despointes en 1853. - Rôle des missionnaires. — Revendications des héritiers de W.-H. Fox. — Mort de Vandégou, chef de l'île, en 1855. — Hortense succède à son père. — Mariage de Samuel et d'Hortense. — L'île des Pins est désignée comme lieu de déportation. — Arrivée du premier convoi de déportés en 1872. — Le gouverneur Olry envoie à l'île des Pins les Canaques faits prisonniers pendant l'insurrection de 1878. — Départ des déportés après l'amnistie en 1880. — Ils sont remplacés à l'île des Pins par des condamnés aux travaux forcés. — Mort de Samuel en 1882. — Abdication d'Hortense. — Ti-Abel, chef de l'île. — L'île des Pins est affectée à la relégation des récidivistes en 1886. — Arrivée du premier convoi de récidivistes en janvier 1887.

L'île des Pins a été découverte par Cook le 26 septembre 1774. Mais, si l'illustre navigateur anglais a, le premier, signalé cette île, le passage suivant de son journal de bord semble démontrer qu'il a vu Kougnié du large seulement. Voici, en effet, ce qu'il écrit au sujet des pins qui donnent à l'île son aspect caractéristique :

« Ces objets, qui ressemblaient à des colonnes, étaient
« éloignés les uns des autres, mais la plus grande par-
« tie formaient des groupes serrés. Comme on trouve
« des colonnes de basalte en plusieurs parties du
« monde, il y avait lieu de croire que celles-ci étaient
« de la même espèce, et parce que nous avions vu der-
« nièrement plusieurs volcans dans les environs et un
« très près de Tanna (1), cette opinion nous paraissait
« plus vraisemblable, car les minéralogistes les plus
« éclairés prétendent que le basalte est une production
« du volcan. »

Il est certain, néanmoins, que Cook resta deux jours devant Kougnié, puisque, ayant découvert l'île le 26 septembre, il en partait le 28 faisant voile pour la Nouvelle-Zélande.

Les indigènes n'ont gardé aucun souvenir du navigateur anglais; mais ils affirment que, dans les temps très anciens, leur île était fréquemment visitée par des Chinois qui venaient y chercher du bois de santal et des biches de mer.

Bruni d'Entrecasteaux, parti de Brest le 29 septembre 1791 pour aller à la recherche de La Pérouse

---

(1) Tanna est une île de l'archipel des Nouvelles-Hébrides. Elle a 13 lieues de long sur 8 lieues de large et possède un volcan en pleine activité.

avec *L'Espérance* et *La Recherche*, arriva en vue de l'Ile des Pins le 16 juin 1792 (1).

A partir de cette époque, Kougnié ne fut probablement visitée que par des baleiniers, des santaliers et des pêcheurs de biches de mer jusqu'au 15 août 1848, date à laquelle M⁺ Douarre, évêque d'Amata, établit une mission catholique à Vao, sur la côte Est de l'île.

Le R. P. Goujon, appartenant à la Mission mariste de la Nouvelle-Calédonie, fut amicalement accueilli par Ouatiomé, ou mieux Ouatsaoumé, qui était alors le chef de la tribu de Gadji. Par contre, le grand chef de l'île, Vandégou, opposa, pendant plusieurs années, une résistance obstinée à l'influence des missionnaires. Il céda, néanmoins, ainsi que nous avons eu l'occasion de le raconter.

La civilisation avait triomphé de la barbarie. Avec le R. P. Goujon, l'influence française marcha de pair avec les conversions à la foi catholique, et quand, le 29 septembre 1853, l'amiral Febvrier-Despointes vint prendre officiellement possession de l'île, les indigènes étaient, dès longtemps, préparés à cet acte de soumission.

Qu'il me soit permis de rendre ici hommage à l'homme de bien, au bon Français qu'était le R. P. Goujon. Je l'ai connu et je l'ai aimé comme tous ceux qui l'approchaient, du reste. Je me rappelle avec quelle émotion

---

(1) Baron Hulot. *D'Entrecasteaux* (1737-1793), p. 102 (Extrait du *Bulletin de la Société de Géographie*, 3ᵉ trimestre 1894).

profonde nous avons suivi son convoi le 22 décembre 1881. Tous les indigènes, chrétiens ou païens, se pressaient en foule derrière son cercueil. Un détachement d'infanterie de marine et une partie de l'équipage de *La Caronade* assistaient en grande tenue aux funérailles, et je vois encore les larmes couler de tous les yeux lorsque le commandant de *La Caronade*, M. le lieutenant de vaisseau P.-J. Daniel, adressa au nom de la France et au nôtre un dernier adieu au bon missionnaire que la mort venait de délivre. d'une longue et douloureuse maladie.

Les circonstances dans lesquelles l'amiral Febvrier-Despointes prit possession de l'Ile des Pins sont assez intéressantes pour que nous nous y arrêtions un instant. Le récit en a été fait dans la *Revue maritime et coloniale* de septembre 1862 par MM. Vieillard et Deplanche. Nous leur cédons la parole :

« Peu de jours après que *Le Phoque* s'était présenté
« à Balade (1), un navire de guerre anglais, *Herald*,
« croyons-nous, était arrivé à l'Ile des Pins dans l'in-
« tention d'en prendre possession. Déjà même il avait

---

(1) Balade est un port situé au Nord-Est de la Nouvelle-Calédonie. Cook y mouilla en 1773; d'Entrecasteaux vint y jeter l'ancre le 21 avril 1793. C'est à Balade que débarquèrent, le 21 décembre 1843, les premiers missionnaires catholiques qui mirent le pied en Nouvelle-Calédonie, Mgr Douarre, accompagné des RR. PP. Viard et Rougeyron. Enfin, le contre-amiral Febvrier-Despointes vint mouiller à Balade avec *Le Phoque*, le 24 septembre 1853, et prit, ce jour même, possession de la Nouvelle-Calédonie.

« fait diverses études sur les îlots voisins afin d'y éta-
« blir un dépôt de charbon et l'île Alcmène, si nos sou-
« venirs ne nous trompent pas, avait été le lieu choisi.
« Tout était prêt et il ne s'agissait plus que de s'en-
« tendre avec le chef. Aussi, chaque jour, les Anglais
« faisaient-ils auprès de lui des démarches pour l'en-
« gager à venir leur rendre visite à bord. Vandégou
« eût entièrement cédé sans l'intervention des mission-
« naires qui, sachant combien seraient funestes pour
« eux les conséquences de l'occupation anglaise, le
« poussaient à remettre de jour en jour sa visite. Les
« Anglais pressaient le chef quand, sur ces entrefaites,
« le *Phoque*, revenant de Balade, vint mouiller non
« loin d'eux. Aussitôt que les Pères en eurent connais-
« sance, le P. Chapuy se rendit à Gadji au milieu de la
« nuit et engagea Vandégou à se rendre à bord du na-
« vire français. Ce chef, auprès duquel les Pères
« jouissaient d'une haute faveur, consentit à cette dé-
« marche et vint à bord du *Phoque*, où il s'entendit
« avec l'amiral, qui lui remit un pavillon français qu'il
« devait arborer sur sa maison.

« Les choses ainsi réglées, Vandégou se rendit à
« bord de l'*Herald*, accompagné de sa petite fille
« Kanéghio, reine actuelle de l'île, et de quelques sui-
« vants. La réception fut des plus cordiales : le père et
« la fille furent assaillis de présents; ils s'assirent même
« à la table du commandant qui, ignorant les conven-
« tions que le chef indigène avait faites avec le chef
« français, lui proposa, au moment où il allait quitter
« le bord, d'emporter avec lui un pavillon anglais.

« — Mais j'en possède déjà un que les Français m'ont
« donné, répondit Vandégou ; j'y tiens, et il est déjà
« sur ma case. » — A cette réponse, la stupéfaction
« fut générale ; un revirement complet s'opéra : un
« Anglais qui tenait la petite fille la jeta à terre plutôt
« qu'il ne la déposa ; l'on reprit les cadeaux donnés et
« l'on chassa les pauvres diables avec autant de colère
« qu'on avait mis de bonne grâce à les recevoir. »

Ce récit m'a été plus d'une fois confirmé par le R. P. Goujon dans nos longues conversations sur cette époque si critique de l'histoire de l'île des Pins.

MM. Vieillard et Deplanche ne disent pas comment l'amiral Febvrier-Despointes se trouva à Kougnié juste à point pour empêcher les Anglais de mener à bonne fin leurs projets de prise de possession. La chose nous a été racontée tout au long par M. Paul Cordeil, ancien chef du service judiciaire en Nouvelle-Calédonie, et je ne saurais mieux faire que de transcrire ici sa narration si pittoresque (1) :

« Un matin, le P. Montrouzier reçoit à Tiarei un
« mot au crayon, écrit de Ballade par le P. Vigouroux
« et ainsi conçu : « Nos amis sont là ! »

« Ne sachant que penser et redoutant une démons-
« tration hostile des Canaques, le P. Montrouzier se
« hâte vers Balade. Il trouve tout le monde en fête ; des
« épaulettes d'or brillent à travers les arbres ; un
« homme grand, à cheveux blancs, auquel chacun

---

(1) *Origines et progrès de la Nouvelle-Calédonie*, par Paul Cordeil.

« semble témoigner du respect, se promène avec un
« des Pères dans le jardin. Le P. Montrouzier se fait
« présenter : il est devant l'amiral Febvrier-Despointes.

« Et aussitôt : « Amiral, dit-il, il faut que je vous
« parle ; vous n'avez pas un moment à perdre si vous
« voulez devancer les Anglais à l'île des Pins. Il y a
« deux ou trois jours, j'ai reçu d'un naturaliste de Syd-
« ney une caisse de plantes et une lettre. Cette caisse
« et cette lettre devaient me parvenir par l'*Herald*,
« mais ce bateau a dû s'arrêter à Norfolck le temps d'y
« réparer une petite avarie. Un navire santalier par-
« tant pour Balade, on lui a remis ce qui m'était des-
« tiné, et voilà comment je suis averti de l'arrivée de
« l'*Herald* et de son intention de s'emparer de l'île des
« Pins. »

« A peine le Père a-t-il parlé : Qu'on chauffe ! Qu'on
« chauffe ! s'écrie l'amiral qui ne tient plus en place et
« donne les signes de la plus vive impatience. Immé-
« diatement on arme les embarcations et l'amiral rentre
« à bord du *Phoque*. Quelques heures après il appareil-
« lait pour l'île des Pins où l'*Herald* l'avait précédé.

« Aussitôt en vue, on amène le pavillon de l'amiral
« et M. de Bovis, capitaine du *Phoque*, s'empresse
« d'aller présenter ses devoirs, ainsi que le prescrit la
« loi hiérarchique internationale de la marine, au com-
« modore anglais.

« Celui-ci lui fait bon accueil et s'excuse de le rece-
« voir sur un navire mal tenu, aux embrasures sans
« canons comme un fort démantelé.

« — Mais, ajoute-t-il, c'est bien assez bon pour le

« métier qu'on me fait faire ; car vous saurez que je
« promène d'île en île un tas de radoteurs qui ramas-
« sent des herbes.

« — C'est comme nous, répond M. de Bovis qui feint
« de le croire ; on nous a envoyés pour ravitailler des
« missionnaires, au cas où ils n'auraient pas encore été
« mangés.

« — Et quel est ce vieillard que j'aperçois sur le pont
« de votre bateau, reprend le commodore qui tenait
« l'amiral au bout de sa lorgnette ?

« — Çà, c'est un radoteur français au moins aussi
« enragé que les vôtres.

« Les deux commandants se quittèrent bons amis ;
« mais, le lendemain, l'île des Pins était française. »

Grâce aux sentiments patriotiques des missionnaires catholiques, le commandant de l'*Herald* n'avait pu mener à bonne fin les instructions que lui avait données son gouvernement. Il quittait l'île des Pins au moment où l'amiral Febvrier-Despointes, saluant de 21 coups de canon le drapeau français qui flottait sur la case de Vandegou, descendait à terre en grand uniforme.

On dit que le commodore anglais se fit sauter la cervelle à l'arrivée de l'*Herald* à Sydney.

Voici la copie du procès-verbal de prise de possession de l'île :

« Cejourd'hui, jeudi 29 septembre 1853,

« Je, soussigné, Auguste Febvrier-Despointes, contre-
« amiral commandant en chef les forces navales dans
« la mer Pacifique, agissant d'après les ordres de mon

« gouvernement, déclare prendre possession de l'île
« des Pins, au nom de Sa Majesté Napoléon III, Empe-
« reur des Français.

« En conséquence, le pavillon français est arboré sur
« ladite île des Pins qui, à compter de ce jour, 29 sep-
« tembre 1853, devient, ainsi que ses dépendances,
« colonie française.

« L'île continuera à être gouvernée par son chef, qui
« relèvera directement de l'autorité française.

« Ladite prise de possession faite en présence de
« MM. les missionnaires français, des officiers du
« *Phoque* et du chef Vandégou, qui ont signé avec
« nous.

« Fait à terre, en double expédition, baie de l'As-
« somption (1), les jour, mois et an que dessus.

« Signé : ✝ Vandégou; — E. de Bovis; — A. Bara-
« zer; — A. Amet; — A. Cany; — Mallet; — P. Mul-
« ler; — L. Deperiers; — L. Candeau; — A.-A. Céné;
« — Goujon, prêtre missionnaire; — Chapuy, mission-
« naire apostolique.

« *Le Contre-amiral, Commandant en chef*,

« Signé : F. DESPOINTES. »

Cet acte, on le voit, donnait à la France pleine et entière possession de l'île sans autre restriction que celle
contenue dans le paragraphe 3 : « L'île continuera à
être gouvernée par son chef. » L'amiral s'était en outre

---

(1) C'est le port de Vao.

engagé, au nom de la France, à faire servir au chef de l'île une pension annuelle de 1,500 francs.

Pressé par des événements qu'il serait oiseux de raconter ici, l'amiral Febvrier-Despointes laissait la Nouvelle-Calédonie le 1ᵉʳ janvier 1854. Le 6 du même mois, le capitaine de vaisseau Tardy de Montravel, commandant la corvette *La Constantine*, arrivait à l'île des Pins, venant de la station des mers de Chine.

Soit qu'il ignorât l'acte que nous avons transcrit ci-dessus, soit pour un autre motif, M. Tardy de Montravel prit de nouveau possession de l'île des Pins.

Mais dans son procès-verbal de prise de possession on ne trouve point le paragraphe 3 de l'acte signé par l'amiral Febvrier-Despointes.

Le commandant Tardy de Montravel ne parle point non plus de la rente de 1,500 francs promise au chef de l'île par l'amiral.

Cette promesse, faite dans des circonstances solennelles, fut rappelée au Ministre de la Marine par le certificat suivant : — « Le chef de l'île des Pins ayant
« réclamé une solde du Gouvernement français, nous
« certifions que l'amiral Febvrier-Despointes lui a
« promis en notre présence la solde provisoire de
« 125 francs par mois, à dater de la signature du traité
« qu'il a consenti le 29 septembre 1853, laquelle somme
« pourrait être augmentée par la suite, mais jamais
« diminuée tant que le chef observerait les conditions
« du dit traité.

« En foi de quoi nous avons cru devoir lui délivrer
« la présente attestation qu'il a demandée pour lui ser-

« vir auprès du commandant des forces françaises en
« Nouvelle-Calédonie.

« Fait double, à l'Ile des Pins, ce 18 janvier 1854.

« *Signé :* Goujon, *prêtre missionnaire.*

« Chapuy, *missionnaire apostolique.*

« Le capitaine du *Phoque,*

« *Signé :* E. de Bovis. »

L'amiral Hamelin, ministre de la marine et des colonies, ratifia ces conventions par dépêche en date du 31 août 1855, en stipulant, d'une part, qu'une allocation de 125 francs par mois, avec rappel à partir du 29 septembre 1853, serait versée au chef indigène de l'Ile des Pins, et, d'autre part, que cette dépense serait imputée sur les fonds du service intérieur.

L'Ile des Pins était donc française et personne n'avait élevé de doutes sur la légitimité de cette possession, lorsque, le 27 mars 1890, les héritiers d'un sieur William-Henry Fox adressèrent au ministre plénipotentiaire chargé du consulat général de France à Calcutta une pétition tendant à l'obtention d'une indemnité pour expropriation d'un terrain sis à l'Ile des Pins et leur appartenant par droit d'héritage.

Les héritiers de feu William-Henry Fox prétendaient que celui-ci ayant eu l'occasion de rendre des services importants aux chefs de l'Ile des Pins, ceux-ci, en récompense de ces services et après paiement d'une somme de 750 livres (18,750 fr.) lui avaient vendu et concédé, en date du 15 février 1842, une propriété d'environ 16,000 acres sise à l'Ile des Pins.

L'acte de vente dont copie photographique était jointe à la pétition aurait été passé entre Matooka, chef de l'île, Ayon et Posson, fils du dit, Georgeay et Praitee, ses cousins, et enfin W. Fox.

Les terres vendues sont limitées au Nord par un excellent port connu sous le nom de Fox's harbour ; à l'Est, par des plantations de cannes à sucre et le mont Victoria ; au Sud par un village de pêcheurs et des plantations ; à l'Ouest par une forêt contenant diverses essences : pins, santal, etc., etc.

Cet acte était contresigné par M. Fisher, interprète du roi, et par Noa, catéchiste et interprète indigène.

Au mois de novembre 1890, le gouverneur de la Nouvelle-Calédonie fut saisi par le département, des revendications formulées par les héritiers de William Fox et une enquête fut faite à l'île des Pins à l'effet d'en rechercher la légitimité.

Cette enquête, menée avec beaucoup de tact et d'intelligence par le commandant supérieur de l'île, eut des conclusions défavorables à la cause des héritiers Fox, qui furent déboutés de leur demande.

Il fut démontré, en effet, d'après les témoignages des anciens et les récits des indigènes :

1° Que William Fox est venu deux fois à l'île des Pins. Une première fois à l'époque de la fête des ignames, c'est-à-dire vers février ou mars 1842. Il ne fit à ce moment qu'une courte apparition dans l'île sans se livrer à aucun commerce ni aucune transaction avec les indigènes. Cependant, à son départ, il laissa dans l'île une truie pleine qui a mis bas.

Fox revint l'année suivante, vers la même époque. Cette fois, il a fait des transactions avec les indigènes. Il échangeait une bille de santal contre un morceau de bouteille cassée, un morceau de cercle en fer ou un grain de perle de collier de verroterie. Les indigènes étaient très avides du fer et du verre qu'ils ne connaissaient pas, et Fox ne donnait qu'un petit morceau de bouteille par bille de bois.

2° Qu'à l'époque où Fox vint à Kougnié, le chef de l'île des Pins était Taourou Vandégou Kouaté, grand-père d'Hortense. Aucune famille de l'île n'a jamais porté le nom de Matooka, cité dans l'acte de vente, pas plus que ceux d'Ayon, de Passon, de Georgeay et de Praitee, qui sont complètement inconnus.

3° Que Fox n'a pas versé les 750 livres dont il est fait mention dans l'acte, car tous les anciens affirment qu'à cette époque on ne connaissait dans l'île aucune pièce de monnaie ni d'or ni d'argent; les premières pièces qu'on ait vues ont été apportées longtemps après par un santalier du nom de Paddon.

4° Que les noms de Fisher, interprète du roi, et de Noa, catéchiste et interprète indigène, sont totalement inconnus. D'ailleurs, les chefs de l'île n'avaient pas d'interprètes et jamais les indigènes n'avaient entendu parler de religion avant l'arrivée des missionnaires maristes en 1848. Il ne pouvait donc pas y avoir de catéchistes dans l'île.

5° Qu'enfin les bornes données à la concession sont ultra-fantaisistes; il n'existe, en effet, à l'île des Pins, ni mont Victoria ni Fox's harbour. Dans ses deux voyages à Kougnié, Fox a mouillé d'abord à Goro, non loin du récif sur lequel a fait naufrage l'*Aventure*, commandée par M. du Bouzet, puis enfin dans le port de Gadji.

Comment admettre, en outre, qu'on prenne pour limites d'une propriété un champ d'ignames, de taros ou de cannes à sucre, quand on sait que, chaque année, les indigènes changent de place leurs plantations dans le but de laisser reposer la terre?

Après cette longue digression qui nous semble intéressante à plus d'un titre, revenons à l'histoire de l'île des Pins.

Le grand chef Vandégou mourait en 1855 après s'être fait baptiser sous le nom de Louis-Philippe. Il laissait deux filles en bas âge, Ginanémèré et Kamendjo, qui embrassèrent la religion catholique et reçurent au baptême les noms de Joséphine et d'Hortense. Joséphine, l'aînée, étant morte quelque temps après, Hortense fut reconnue pour successeur de son père, contrairement à toutes les coutumes calédoniennes. Dans les tribus indigènes, en effet, les femmes sont rigoureusement exclues du pouvoir.

La Sœur Marie de la Croix, adjointe à la Mission de l'île, femme d'un grand mérite et d'un esprit élevé, s'était chargée de l'éducation et de l'instruction d'Hortense, fille de Vandégou.

En même temps, le R. P. Goujon élevait le plus jeune des fils de Ouatsaoumé, chef de la tribu de Gadji. Les deux enfants étaient à peu près du même âge. Héritiers l'un et l'autre des deux plus grands chefs de

Kougnié, leur union devait mettre fin à ces querelles de tribus à tribus qui, trop souvent, avaient ensanglanté l'île. Le R. P. Goujon comprit, en outre, quelle influence il pouvait tirer de cette alliance pour la propagande catholique; il s'entremit donc activement pour unir Hortense à Samuel. Le mariage fut célébré en 1870.

La conquête morale de l'île des Pins était faite. Grâce aux missionnaires, les indigènes avaient abandonné leurs coutumes barbares et se pliaient de plus en plus aux exigences de notre civilisation. Les tribus, pacifiées et pour la plupart converties au catholicisme, avaient accepté sans murmures l'autorité d'Hortense et de Samuel qui, conformément au paragraphe 3 de l'acte de prise de possession gouvernaient l'île entière sous le contrôle de l'autorité française.

Un événement de la plus haute importance vint brusquement troubler la quiétude absolue dans laquelle vivait ce petit peuple; nous voulons parler de la loi du 23 mars 1872, qui affectait tout le territoire de l'île des Pins à la déportation.

Lorsque le capitaine de vaisseau de la Richerie, gouverneur de la Nouvelle-Calédonie, signifia à la cheffesse Hortense, qu'en exécution de la loi précitée et pour obéir aux ordres du Gouvernement français elle devait, ainsi que ses sujets, abandonner l'île et aller s'établir sur la grande terre, une émotion violente — que comprendront facilement tous ceux qui aiment leur pays et qui savent combien le Canaque est attaché au sol natal — se manifesta parmi la population de l'île.

Hortense écrivit au gouverneur une lettre de protestation dans laquelle, s'appuyant sur les traités passés, elle revendiquait avec dignité ses droits de chef suprême.

Le gouverneur se trouvait pris dans cette alternative : ou laisser commettre une injustice flagrante en ne tenant aucun compte des revendications d'Hortense, ou désobéir à son gouvernement en affectant une autre résidence aux déportés qui étaient déjà en route pour l'île des Pins. Il usa d'un moyen terme. Il décida que toute la côte Ouest de l'île serait affectée à la déportation, le reste du territoire demeurant réservé aux indigènes.

La frégate la *Danaë* arrivait au mouillage de Kuto le 4 octobre 1872 avec un premier convoi de déportés. Les convois se succédèrent avec rapidité et amenèrent à Kougnié 3.400 individus environ. Nous dirons plus loin comment ils s'y établirent.

Sans rechercher ici si l'occupation d'une partie de leur territoire par les déportés a été profitable ou préjudiciable aux indigènes, bornons-nous à constater qu'aucun conflit sérieux ne s'éleva entre ceux-ci et l'autorité française.

Pour en finir avec l'histoire de l'île des Pins, hâtons-nous de dire qu'au moment où éclata en Nouvelle-Calédonie la terrible insurrection canaque de 1878, Samuel offrit au gouverneur Olry son concours et celui de ses guerriers pour aller combattre les rebelles. Le gouverneur, qui disposait de forces suffisantes, n'accepta pas mais il décida que les insurgés faits prisonniers seraient exilés à l'île des Pins et confiés à la garde de Samuel. On en envoya environ 670 qui furent disséminés en de nombreux villages sur la côte Est de l'île, entre la forêt et le plateau central.

Tous les déportés de 1872 quittèrent l'île des Pins en 1880 et les indigènes purent croire un moment que leur territoire allait leur être rendu. Mais l'administration pénitentiaire voulant utiliser les nombreux bâtiments construits par les déportés fit, de l'île des Pins, l'asile des vieillards, des impotents et des infirmes du bagne. Elle les installa à Uro. En 1881, elle transportait également à l'île des Pins les ateliers de tailleurs et de cordonniers qui avaient, jusqu'alors, fonctionné à l'île Nou.

A cette même époque, l'amiral Courbet, gouverneur de la Nouvelle-Calédonie, eut l'idée d'édifier dans la presqu'île Kuto une vaste prison cellulaire où seraient enfermés tous les incorrigibles du bagne. Il y eut même un commencement d'exécution de ce projet qui doit être considéré comme une erreur d'un grand esprit; un vaste espace de forêt séculaire fut défriché au milieu de ce parc admirable que forme la presqu'île. Le département, heureusement, ne voulut pas ratifier les propositions de l'amiral; les travaux commencés furent arrêtés et la végétation tropicale a reconquis son domaine.

Samuel mourut en juillet 1882, emporté en moins de huit jours par une phtisie galopante. Il laissait Hortense sans enfants.

Cette mort survenant si tôt après celle du R. P. Goujon, décédé, ainsi que nous l'avons dit, en décembre 1881, allait apporter un important changement dans la situation politique des indigènes.

En 1876, la direction de la Mission catholique de Vao avait été enlevée au R. P. Goujon et donnée au R. P. Lambert. Hortense et Samuel n'avaient pas accepté ce changement sans se plaindre vivement à l'autorité ecclésiastique. Le vicariat apostolique, sans tenir compte de ces plaintes, se borna à laisser le P. Goujon à l'île des Pins en lui enlevant toute autorité. Quant à la Sœur Marie de la Croix, éducatrice d'Hortense, elle dut quitter l'île à cette époque et fut envoyée dans une mission perdue au Nord de la Nouvelle-Calédonie, à Pouébo, croyons-nous.

Malgré ses sentiments profondément religieux, Hortense n'accepta jamais complètement l'autorité du P. Lambert, et nous avons pu, plus d'une fois, constater des preuves évidentes de dissentiment entre le missionnaire et la cheffesse, bien que l'un et l'autre fissent tous leurs efforts pour les cacher. La présence de Samuel et du P. Goujon empêchait, seule, les choses de tourner à l'état aigu.

Très jalouse de ses prérogatives et très capable, d'ailleurs, d'administrer sagement son petit peuple, Hortense ne voyait pas sans inquiétudes la tendance du chef de la Mission à substituer son pouvoir au sien.

A la mort de son mari, Hortense comprit que, malgré toute son autorité sur les indigènes, elle ne pourrait pas, seule, lutter contre l'influence du missionnaire. Elle conçut alors le projet de se remarier avec Guillaume, frère de Samuel et, en attendant la fin de son veuvage, elle crut faire œuvre politique en choisissant pour l'aider dans la charge du pouvoir, pour premier ministre, allions-nous dire, un chef assez obscur, Ti-Abel, fils de Té-Ouanél, cousin germain de Vandégou, son père, et qui ne pouvait avoir de prestige auprès des indigènes que par l'influence de la cheffesse elle-même.

Ce Ti-Abel, d'intelligence étroite, parlant à peine le français, s'adjoignit en qualité d'interprète un Canaque rusé, nommé Alphonse, qui était entièrement à la dévotion des missionnaires.

Dès ce moment, Hortense était perdue. Guillaume, dont elle voulait faire son mari, cédant à des sollicitations et peut-être à des menaces, quittait l'île des Pins pour se rendre à Maré (îles Loyalty). L'infortunée cheffesse, incapable de soutenir plus longtemps une lutte trop inégale pour elle, se résigna à remettre le pouvoir en d'autres mains.

Voici comment le R. P. Lambert raconte cette abdication :

« Hortense, ne pouvant trouver un parti convenable
« qui la mît en état de commander, convoqua toute la
« tribu, le 23 avril 1883. Là, en présence de tout le
« monde, elle abdiqua et passa le titre de chef à Ti-
« Abel, fils de Ti-Ouanél, cousin-germain de Vandé-
« gou, son père. Hortense, pour ne pas entraver par
« sa présence la marche des affaires, déclara qu'elle se
« retirait à Saint-Louis, près de Nouméa, auprès de

« Sœur Marie de la Croix, qui avait fait sa première
« éducation » (1).

A la nouvelle de cette transmission de pouvoirs, parvenue au chef-lieu de la colonie le 1er mai 1883, le gouverneur « s'étonna qu'un acte aussi important fût
« incidemment porté à sa connaissance, et que cette
« remise de pouvoirs soit présentée comme un fait
« accompli, alors qu'il n'a pas même été question du
« projet » (2).

C'est alors qu'Hortense, entrant dans la voie des confidences, raconta en termes amers — mais en priant de n'en rien dire au R. P. Lambert — tout ce qui s'était passé.

« Vous ne sauriez croire, dit-elle, à quelles vexations
« j'étais en butte de la part d'Abel et d'Alphonse surtout. J'étais environnée d'espions; j'étais esclave plutôt
« que cheffesse. Ne dites rien de tout cela au Père Lambert. C'est lui qui a fait partir Guillaume; il est
« d'accord avec Abel. S'il savait que j'ai parlé, il me
« ferait des remontrances sévères » (3).

Nous livrons, sans commentaires, ces confidences restées secrètes jusqu'ici.

Kougnié a donc maintenant pour chef nominal Ti-Abel, tandis que le chef effectif est le R. P. Lambert, malgré tout le soin qu'il met à s'en défendre.

---

(1) *Les Hypogées de l'île des Pins*, par le R. P. Lambert.
(2) Lettre du directeur de l'intérieur au commandant de l'île des Pins.
(3) Lettre au gouverneur, 12 juillet 1883.

Quoi qu'il en soit, le gouvernement n'a pas entièrement accepté cette transmission de pouvoirs, puisqu'une décision du gouverneur de la colonie, en date du 7 mars 1891, décide que l'allocation mensuelle de 125 francs payée à Hortense sera, à l'avenir, partagée par moitié entre elle et Abel.

Un décret du 20 août 1880 a désigné l'Ile des Pins comme lieu de relégation des récidivistes.

Un premier convoi de 300 individus arrivait à Kuto le 27 janvier 1887, à bord du paquebot de la Compagnie nantaise *Ville de Saint-Nazaire*.

Depuis cette époque, les arrivages se sont continués sans interruption, et le chiffre des relégués venus à l'Ile des Pins dépasse actuellement 2,800, sans compter environ 300 femmes.

En résumé : 1° Jusqu'en 1872, les naturels seuls ont habité l'Ile des Pins;

2° De 1872 à 1880, les déportés occupèrent la côte Ouest;

3° De 1880 à 1887, l'Administration pénitentiaire y interna des condamnés aux travaux forcés;

4° Enfin, depuis 1887, la relégation s'y est établie en souveraine maîtresse.

CHAPITRE VI

La déportation, la transportation et la relégation à l'île des Pins.

Sommaire : Arrivée des déportés. — Leur installation. — Travaux effectués. — Les journaux à l'île des Pins. — Industries diverses. — Agriculture. — Mercuriale. — Les chaufourniers. — Les briquetiers. — Le marché couvert. — Les défauts de la déportation. — Diminution de l'effectif. — La conduite d'eau. — Les grâces partielles. — L'amnistie. — Ses conséquences pour la colonisation. — Les Arabes déportés.
Les condamnés aux travaux forcés à l'île des Pins. — Impotents. — Cordonniers. — Tailleurs.
La relégation. — Effectif de la population reléguée. — Œuvre de la relégation à l'île des Pins. — Les salaires. — Les travaux. — La ferme. — Les cultures. — Les concessions. — Conclusion.

1° DÉPORTATION.

Notre intention n'est pas d'écrire ici l'histoire complète de la déportation à l'île des Pins. Nous pourrions, en de longues pages, mettre au jour de nombreux et curieux documents recueillis sur place et puisés aux sources les plus sûres. Pourquoi remuer tout ce passé? Pourquoi ressusciter des querelles apaisées par le temps, ce grand pacificateur? A quoi bon faire revivre des souvenirs éteints ou qui devraient l'être depuis la grande mesure de clémence de 1880?

Notre but n'est pas, d'ailleurs, de provoquer la curiosité de nos lecteurs. Nous avons eu pour unique objectif, en entreprenant ce travail déjà trop long, d'appeler l'attention du public qui s'intéresse de plus en plus aux questions coloniales, sur un point bien petit mais bien riche de nos possessions d'outre-mer, sur « un des plus beaux joyaux de l'écrin océanien », pour parler comme M. Paul Cordeil. Nous nous sommes efforcé de le décrire dans tous ses détails, malgré l'aridité de cette description, afin de rechercher, plus loin, le parti qu'on en peut tirer. Si nous demandons maintenant au lecteur la permission de nous arrêter un instant sur les huit années pendant lesquelles l'Ile des Pins a été habitée par les déportés, c'est pour montrer ce qu'a pu faire de la côte Ouest, pendant un espace de temps relativement restreint, cette population moralement hétérogène où se trouvaient mélangés les caractères, les intelligences et les aptitudes les plus disparates.

La frégate *La Danaë*, apportant le premier convoi de déportés, mouillait en rade de Kuto le 4 octobre 1872. Le temps de faire les installations nécessaires pour recevoir plusieurs centaines d'individus ainsi que le personnel de la surveillance, avait matériellement manqué à l'administration locale.

Quelques semaines auparavant, une forte équipe de condamnés aux travaux forcés avait été envoyée dans l'île pour construire en toute hâte des cases en torchis destinées à loger les nouveaux arrivants; mais leur nombre était insuffisant.

En outre, presque dès le lendmain de l'arrivée de *La Danaë*, un incendie fit, de toutes ces installations provisoires, un monceau de ruines. Il fallut donc habiter sous la tente. Aussi chacun se mit-il bien vite, aidé du voisin, à bâtir un gourbi, au gré de sa fantaisie, sur les terrains désignés par l'administration dans la plaine d'Uro. Là, bientôt, s'éleva une ville véritable avec ses rues et son boulevard.

Les convois se succédant avec rapidité, Uro ne tarda pas à devenir trop resserré pour contenir la population de 3,408 hommes (chiffre officiel) que nos transports de guerre débarquèrent à Kuto. On créa successivement le deuxième, le troisième, puis le quatrième, puis enfin le cinquième groupe : ce dernier spécialement réservé aux Arabes déportés à la suite de l'insurrection de 1871.

L'administration était représentée à l'Ile des Pins par un chef de bataillon d'infanterie de marine qui avait le titre de commandant territorial. Sous ses ordres se trouvaient placés un certain nombre de surveillants militaires recrutés parmi les sous-officiers les mieux notés de nos régiments. Ces surveillants, dispersés dans les différents groupes, étaient chargés du maintien de l'ordre et de l'exécution des consignes générales.

Chaque groupe ou commune avait son délégué officiel élu par les autres déportés. Il avait pour mission de servir d'intermédiaire entre les habitants du groupe et le commandant territorial auquel il transmettait les réclamations de chacun ou exposait les besoins de la commune. Ces délégués recevaient de l'État une indemnité pécuniaire de 2 francs par jour.

Tout déporté avait droit à la ration de vivres et aux vêtements.

Le service du génie fit, dès le premier jour, appel aux ouvriers des différentes professions et, moyennant un salaire en rapport avec leurs aptitudes, ils travaillèrent aux ateliers de l'administration. La paye se faisait régulièrement chaque mois.

Sous l'intelligente direction du capitaine Kay, secondé, d'ailleurs, par d'excellents collaborateurs fournis par la déportation même, les travaux d'installation marchèrent avec une telle activité qu'en moins de cinq années tout le territoire de la côte Ouest couvert, la veille encore, de sa forêt vierge et de sa brousse sauvage, fut absolument transformé.

« Les déportés, dit un journal du temps (*Veillées calédoniennes,* n° 2), ont établi, empierré, nivelé 139,000 mètres de routes ; élevé 25,000 mètres cubes de maçonnerie ; extrait la pierre et fabriqué la chaux nécessaire pour ces constructions ; cuit plus de 500,000 briques ; dressé les charpentes de plus de 102 bâtiments... Du 4 septembre 1872 au 1er janvier 1877, les sommes dépensées par le service des travaux ont été, en tout, de 999,366 francs en échange desquels l'État a acquis des propriétés immobilières dont la valeur est estimée 617,046 francs et un mobilier roulant évalué 137,393 francs.

Pendant ce temps, cent industries diverses prenaient naissance. Des journaux apparurent : l'*Album de l'île des Pins;* le *Raseur calédonien;* les *Veillées calédoniennes;* le *Parisien illustré;* l'*Abeille calédonienne.* L'un d'eux écrit : « Afin de faciliter à nos camarades les moyens de s'abonner, nous avons l'honneur de les prévenir que nous accepterons en paiement du maïs, des œufs, de la volaille, des bananes, des légumes ; en un mot toute espèce de marchandises. »

Le « Théâtre des Délassements » donna, en plein vent, des représentations hebdomadaires aux prix de 1 franc les premières, 0 fr. 50 les secondes et 0 fr. 25 les troisièmes ; une société chorale fit entendre les plus jolis chœurs au 4e groupe. Uro possédait des tailleurs, des cordonniers, un dentiste-pédicure, un salon de coiffure « à l'instar de Paris », une fabrique de jouets d'enfants, une pâtisserie modèle qui vendait en même temps des tripes à la mode de Caen, un bijoutier, des cabinets d'affaires, une tannerie, un fabricant de limonade à 0 fr. 15 la bouteille ; des charcutiers, des restaurateurs ; Lubizewski tenait une pension ordinaire à (6 fr.) six francs par mois ; des cantines, qu'il vaudrait mieux appeler des débits, étaient ouvertes dans chaque groupe ; un service de factage reliait quotidiennement entre eux les différents villages et un industriel qui est encore à Nouméa louait, pour les promenades, un cheval et une voiture à raison de 20 francs par jour ; des marchands de poisson, une marchande surtout, la mère Veillard

— car certains déportés avaient fait venir leurs femmes — parcouraient le matin les rues d'Uro offrant à chacun le poisson « Frais comme l'œil », tandis que les maraîchers portaient de maison en maison les produits de leurs jardins.

Un certain nombre de déportés, plus aptes aux travaux des champs qu'aux travaux d'ateliers, avaient obtenu de l'administration des concessions gratuites de terrains qui devaient devenir leur propriété après cinq ans de mise en exploitation; aussi l'agriculture, le jardinage, l'élevage des animaux de basse-cour, volailles et porcs, prirent-ils bientôt une grande extension. Les produits non consommés dans l'île étaient envoyés à Nouméa où ils se vendaient à des prix suffisamment rémunérateurs. Le cours du maïs oscillait entre 10 francs et 18 francs les 100 kilogrammes; les œufs se vendaient de 1 franc à 2 francs la douzaine; la volaille de 1 fr. 75 à 2 francs le kilogramme; le lapin se payait le même prix; les Arabes vendaient des fromages de chèvre à 0 fr. 60 la pièce; l'huile de coco épurée valait 1 fr. 25 le litre; on pouvait acheter du charbon de bois à raison de 50 francs à 60 francs la tonne, et des porcs à 0 fr. 90 et 1 franc le kilogramme sur pieds. Des chaufourniers fabriquaient avec le corail une chaux de qualité parfaite qui coûtait 9 fr. 50 le mètre cube, tandis qu'elle valait 40 francs à Nouméa; des briquetiers *marchaient* la terre et fournissaient d'excellentes briques à 55 francs, et plus tard à 50 francs, puis enfin à 40 francs le mille. La briqueterie Carrière pouvait fournir 30,000 briques par mois malgré son outillage imparfait.

Par les soins de l'administration, un marché couvert avait été édifié à l'entrée d'Uro. Chacun apportait là ses produits agricoles ou manufacturés; ébénistes, tourneurs, menuisiers, fabricants de pipes, sculpteurs, graveurs sur nacre, dessinateurs, etc., exposaient là leurs travaux. Ce qui n'était pas vendu sur place au personnel libre, aux équipages des bateaux ou aux promeneurs que la curiosité attirait à l'Ile des Pins était, par les soins de l'administration, transporté à Nouméa dans un grand magasin loué à cet effet, et tout cela était rapidement acheté à de bons prix.

Chaque caboteur venant à l'Ile des Pins, rapportait au chef-lieu de véritables chargements de légumes, de choux magnifiques vendus de 0 fr. 15 à 0 fr. 25 pièce.

La ruche, on le voit, était en pleine activité et l'on devine, après le rapide exposé que nous venons de faire, ce qu'aurait pu produire, à la longue, cette population en grande majorité intelligente et laborieuse, si la pensée incessante de la liberté et l'espérance d'une amnistie prochaine n'avaient, dans une large mesure, entravé son essor.

Elle avait bien, certes, quelques défauts et je viens de faire assez son éloge pour qu'elle me permette de lui dire aussi un peu ses vérités. Sans parler de son esprit frondeur qui amena, plusieurs fois, la suppression des journaux ; sans m'arrêter aux dissensions intestines qui faisaient écrire à l'un d'eux : « Pourquoi
« se diviser? Pourquoi la lutte entre nous ? N'est-il pas
« plus naturel de s'unir, de grouper toutes les facultés,
« de lier toutes les forces et toutes les intelligences et

« de prouver à nos ennemis comme à nos amis que
« nous sommes toujours debout; que les souffrances,
« non pas de l'exil, mais de la déportation, ne nous ont
« ni fait courber le front, ni atrophié l'esprit, et que
« nous restons, nous artistes, comme les échos de notre
« chère patrie! » Sans parler de cela, dis-je, nous avons
bien le droit de faire connaître qu'un trop grand nombre
de déportés seraient vite parvenus à déconsidérer leurs
camarades. Les jours de paye et souvent aussi les jours
suivants amenaient des scandales tels que l'autorité
locale se vit, plus d'une fois, dans l'obligation de fermer les cantines et il est regrettable d'avoir à constater
que loin de blâmer et d'admonester les coupables, un
journal du crû prenait leur défense contre l'Administration :

« Cette population, écrit le *Raseur calédonien* du
« 15 août 1877, a contracté l'habitude bien inoffensive
« de célébrer chaque mois la fête d'une divinité du
« pays connue et adorée sous le nom de Sainte-Touche.
« Et chaque solennité est l'objet de libations nom-
« breuses, d'immolations de porcs, de coqs, de canards
« et d'autres animaux d'un commerce agréable et...
« sûr. Parfois, quand arrive le soir, quelques têtes s'é-
« garent un peu et l'on pourrait voir des jambes plus
« disposées à dessiner un gracieux cancan qu'à ramener
« leur maître à son domicile. Cela est de tradition... et
« l'on ferme les cantines !... C'est raide tout de même ! »

Passons vite l'éponge sur cette tache pour nous rappeler seulement l'ère de prospérité incontestable dans laquelle était entrée l'île des Pins. Malheureusement pour la colonisation elle fut de peu de durée.

L'effectif de la population diminuait, en effet, de jour en jour. De nombreuses grâces partielles, si ardemment souhaitées, si impatiemment attendues, arrivaient enfin.

Des 3,408 déportés internés à l'île des Pins depuis 1872, il en restait 2,408 le 1er janvier 1877 et ce chiffre tombait à 1,487 en septembre 1878. A cette date, le nombre des décès depuis l'arrivée du premier convoi, était de 227.

Néanmoins les travaux continuaient à marcher. En cette année 1878, le capitaine Kay fit exécuter la conduite d'eau, la scierie hydraulique et le réservoir d'où Uro, Kaa et Kuto reçoivent en abondance leur eau d'alimentation. Le commandant territorial étant alors M. Moussay, la conduite reçut le nom de Kay-Moussay. Il eût été peut-être plus juste de lui donner celui de Kay-Gironce, nom du déporté qui en avait effectué le tracé. C'est le dernier travail de haute utilité accompli par la déportation. Il a doté toute la partie Sud de la côte Ouest d'une eau d'une excellente qualité. Son débit diminue à peine de quelques centimètres dans les périodes de sécheresse. Malheureusement l'eau court à l'air libre et reçoit toutes les impuretés, débris végétaux, minéraux et animaux qui descendent du plateau. Depuis longtemps l'administration pénitentiaire aurait pu, aurait dû la recouvrir : ni les matériaux, ni la main-d'œuvre ne lui ont manqué pour cela (1).

---

(1) J'apprends que, par ordre du gouverneur, M. Feillet, toute

La déportation touchait à sa fin ! Un télégramme parti de Paris le 15 janvier 1879 et publié en Australie par le *Sydney-Morning Herald* du 17 janvier, arrivait à l'Ile des Pins le 5 février. Il était ainsi conçu : « 2,000 communists have been pardoned. The President's signature will be definitely attached to the pardon to morrow », 2,000 communistes sont graciés. Le Président de la République signera demain le décret (1).

---

la portion de la conduite d'eau qui court aux abords de l'hôpital, va être recouverte. C'est bien, mais ce n'est pas assez. Il y a, à l'Ile des Pins, des centaines de relégués inoccupés : il faut les employer à poursuivre cet important travail depuis la prise d'eau jusqu'au réservoir d'Uro.

(1) A la suite des événements de 1871, le nombre des détenus dont le dossier a été examiné par la justice militaire a été de 51,107. Les condamnations contradictoires se sont élevées à 10,522. Sur ce chiffre, les peines de déportation et de travaux forcés entraînant l'envoi en Nouvelle-Calédonie ont été de 4,023.

Dans le courant de l'année 1878, le Président de la République a signé des décrets accordant 1,512 grâces, commutations et remises de peines.

Le 31 décembre 1878 le nombre des individus présents à la Nouvelle-Calédonie se décomposait ainsi :

Déportés dans une enceinte fortifiée.	520
Déportés simples	1,468
Travaux forcés	231
Condamnés graciés sous la condition de résidence.	428

Total : 2,647

A ce chiffre de 2,647 il faut ajouter :

1° Les déportés ayant obtenu une commutation en détention et qui se trouvaient, au 31 décembre 1878, soit embarqués, soit en partance pour France 220

2° Les condamnés subissant leur peine dans les prisons de France. 280

Soit un total de . . . 3,147

Le décret du 15 janvier comprenait 2,245 grâces se décomposant ainsi :

On devine aisément l'émotion produite dans la population par cette grande nouvelle, confirmée aussitôt par l'administration.

L'avis suivant était immédiatement affiché partout sous la signature du commandant Moussay :

« Toutes les personnes qui arrivent d'Australie esti« ment que le moment ne saurait être mieux choisi « pour les déportés qui ont l'intention d'aller s'y fixer.

« La rareté de la main-d'œuvre et le besoin de pres« ser activement les travaux de l'Exposition font que « tous les ouvriers sont très recherchés et que leurs « salaires sont très élevés.

« Des chemins de fer se créent sur différents points « et le moindre terrassier reçoit 7 fr. 50 par jour, ce « qui, dans un pays où la vie matérielle est à très bon « compte, est une paie qui peut largement défrayer un « individu de ses besoins. »

Le rédacteur de l'*Album de l'île des Pins*, en portant ce document à la connaissance de ses camarades, le

	Travaux forcés.	69
	Réclusion.	12
	Déportation dans une enceinte	258
Grâces	Déportation simple.	1,161
entières	Détention	400
	Emprisonnement.	17
	Bannissement.	41
	Résidence.	204
En déportation simple		19
En détention.		1
	Total	2.245

(*Journal officiel* du 17 janvier 1879.)

faisait suivre d'une longue page de réflexions d'où nous extrayons les passages suivants : « Beaucoup
« d'entre nous hésitent à rentrer en France pendant la
« période agitée que subit aujourd'hui le commerce
« européen... L'Australie est maintenant en pleine voie
« de formation industrielle, cherchant à vivre par elle-
« même, à mettre ses manufactures à la hauteur de son
« développement agricole qui, non seulement suffit à
« ses besoins, mais fournit encore le monde entier de
« laines, de suifs, de cuirs, de grains et exige la créa-
« tion de nombreuses voies de communications. Ces
« considérations ne s'adressent évidemment qu'à un
« petit nombre d'entre nous, à ceux qui placent avant
« l'amour du pavé parisien le souci du bien-être et qui
« ont l'humeur un peu aventureuse ; mais pour ceux-
« là, le moment ne saurait évidemment être mieux
« choisi... » (1).

Aucun document ne nous permet de dire dans quelle proportion les déportés suivirent ces sages conseils. Mais, combien d'entre eux — lorsque, quelques mois plus tard, fut proclamée l'amnistie, profitèrent des dispositions bienveillantes de l'Administration et demeurèrent dans la colonie? Combien se fixèrent à cette terre calédonienne qu'ils avaient défrichée, enrichie, colonisée? Quelques-uns seulement s'installèrent à Nouméa et s'y sont créé des situations honorables, aucun d'eux ne demeura à l'Ile des Pins. Ah ! plus d'un, j'en suis

---

(1) *Album de l'île des Pins,* 14 mai 1879.

sûr, après son retour en France, a, dans les jours de chômage et de misère, plus d'une fois reporté avec regret sa pensée vers le petit coin perdu dans l'Océanie où il faisait si bon vivre sous la paillotte rustique qu'on avait construite de ses mains ; où la terre féconde rendait sans compter ce qu'on lui avait confié ; où il n'y a ni neige ni frimas ; où les enfants ne gémissent pas sous les morsures aiguës de l'hiver ; où l'on vit au grand air presque sans vêtements ! Cette terre est française, après tout ; c'est un petit morceau de la grande patrie et il devait être doublement sacré puisqu'on l'avait arrosé de ses larmes et de ses sueurs.

Une dernière fois, le jour du départ, les échos de l'Ile des Pins retentirent de clameurs joyeuses poussées sous l'immense clef des champs qu'on avait suspendue, en signe d'allégresse, aux branches du banian géant de la route de Kuto.

Puis le silence se fit, pénible, lourd, sur ces localités si vivantes hier et aujourd'hui désertes. Jardins en plein rapport laissés à l'abandon ; habitations encore debout, portes ouvertes, tables dressées semblant attendre les convives ; chiens errants cherchant leur maître ; oiseaux de basse-cour caquetant, effarés, dans cette solitude ; tout cela donnait l'impression d'un fléau inconnu qui serait passé, impitoyable, sur ces villages si prospères et en aurait, d'un seul coup, fait périr tous les habitants.

Les Arabes déportés, qui ne bénéficiaient pas de la loi d'amnistie, abandonnèrent peu à peu le 5º groupe pour se rapprocher d'Uro. Ils continuèrent à y exercer leur industrie pastorale jusqu'au jour où l'administration pénitentiaire ne pouvant pas, sans fausser l'esprit de la loi, les laisser plus longtemps en contact avec les condamnés aux travaux forcés qu'elle venait d'introduire à l'île des Pins, les transféra près de Nouméa, à la presqu'île Ducos, où ils jouissent de la plus grande liberté (1).

2° TRANSPORTATION.

Aussitôt après le départ des déportés, l'administration pénitentiaire, dans le but d'utiliser les nombreux bâtiments existant à l'île des Pins, y envoya des condamnés aux travaux forcés. Ce furent d'abord les vieillards, les impotents et les invalides du bagne, véritable cour des Miracles à laquelle on adjoignit une équipe d'ouvriers d'art, forçats également, pour l'entretien des bâtiments.

Bientôt après, les libérés des travaux forcés punis de détention, vinrent subir leur peine à la prison d'Uro.

En somme, dès les premiers mois de 1881, la population d'origine pénale s'élevait à 300 individus environ.

Ce chiffre ne tarda pas à s'augmenter. A la fin de cette année 1881, le gouverneur amiral Courbet ordonna

---

(1) En discutant la loi d'amnistie votée par la Chambre des députés, dans sa séance du 30 janvier 1895, le Sénat, sur la demande de M. Isaac, a obtenu du gouvernement la déclaration formelle que les Arabes déportés à la suite des événements de 1871 et actuellement en Nouvelle-Calédonie, jouiront du bénéfice de cette loi.

de transférer à l'Ile des Pins les ateliers de tailleurs et de cordonniers qui, jusqu'alors, avaient été à l'Ile Nou. Ce transfert avait surtout pour objet de faire cesser les tripotages et les vols incessants commis par les forçats employés à ces travaux. Malgré toute la surveillance exercée, pièces d'étoffe et vêtements, cuirs et souliers passaient de l'Ile Nou à Nouméa, où des compères se chargeaient du soin d'écouler ces marchandises et de faire parvenir l'argent résultant du trafic aux camarades du bagne.

Les cordonniers arrivèrent le 17 septembre 1881. Quelques semaines après, c'était le tour des tailleurs.

En 1882, il y avait à l'Ile des Pins environ 750 condamnés et libérés.

Ces derniers étaient internés dans la prison d'Uro.

Quant aux forçats, ils occupaient :

1° Deux grandes cases en torchis dans la plaine de Kaa, près de la gendarmerie ;

2° Tous les locaux de l'hôpital, moins une salle réservée pour servir d'infirmerie ;

3° Les deux grands bâtiments qui servaient de caserne aux surveillants du 1er groupe, à Uro ;

4° La caserne des surveillants des 2e, 3e et 4e groupes.

Ces locaux étant encore insuffisants, plusieurs condamnés avaient été autorisés à se loger dans de petits gourbis construits par eux-mêmes aux abords des grandes cases. A chacun de ces gourbis attenait un jardin dans lequel le propriétaire du gourbi cultivait quelques légumes pour augmenter sa ration réglementaire.

On ne tarda pas à s'apercevoir que ces habitations

particulières et ces jardins privés étaient surtout des lieux de recel : on les supprima. Les vols de cuirs et d'étoffes florissaient tout autant qu'à l'Ile Nou, et jamais l'autorité locale n'a pu savoir comment tout cela passait à Nouméa.

A quoi étaient occupés ces 750 individus ?

Tandis que les tailleurs et les cordonniers travaillaient dans leurs ateliers spéciaux établis dans les locaux du génie, les libérés étaient employés soient à l'entretien de la conduite d'eau, soit à l'exploitation des bois. Quelques impotents confectionnaient des chapeaux en paille de pandanus et, dans les camps éloignés d'Uro, on faisait de la culture. Quelle culture, grands dieux ! Du maïs qui revenait, certes, à plus d'un franc l'épi ! Nous ne voulons pas faire le procès de l'administration pénitentiaire ; passons donc sur cette dance qui se perpétue à vouloir faire de l'agriculture toujours et quand même, malgré les déplorables résultats obtenus.

Un décret du 20 août 1886 désignant l'Ile des Pins pour recevoir les récidivistes condamnés à la relégation collective, et l'article 5 du décret du 26 novembre 1885 décidant qu'en aucun cas les mêmes établissements et les mêmes circonscriptions territoriales ne peuvent être affectés concurremment à la relégation collective et à la relégation, il fallut s'occuper de laisser la place libre aux 300 récidivistes annoncés pour le premier convoi.

RELÉGATION

Le 25 janvier 1887, le steamer *Ville de Saint-Nazaire*

débarqua à Kuto le premier convoi de récidivistes. Ils étaient au nombre de 301. Au 1ᵉʳ juillet 1894, on en comptait 1,426 dans l'île.

Voici, du reste, les variations subies par l'effectif de la population reléguée (hommes) pendant les 8 années qui viennent de s'écouler :

Au 27 janvier 1887	301	individus
Au 1ᵉʳ juillet 1888........	825	»
» 1889........	961	»
» 1890.........	542	»
» 1891.........	660	»
» 1892........	838	»
» 1893........	922	»
» 1894.......	1,426	»

Ces chiffres ne donnent qu'une idée incomplète du nombre total des récidivistes amenés à l'île des Pins : il a, en réalité, dépassé 2,800. Les oscillations sont dues à diverses causes sur lesquelles il est inutile de nous arrêter.

Notre but n'est pas, en effet, de nous livrer à une étude sur la relégation, à une critique trop facile de la loi du 27 mai 1885 sur laquelle le législateur avait fondé tant d'espérances et qui a donné de si mauvais résultats.

Bornons-nous à exposer comment l'administration a utilisé les relégués?

Elle a accordé des salaires variant de 1 franc à 0 fr. 20 par jour aux relégués qui travaillent. Mais, pour ne pas laisser de l'argent entre les mains de ces hommes, on a partagé ces salaires en deux parties égales; une partie est versée à la Caisse d'épargne pénitentiaire et constitue le *pécule réservé* dont le propriétaire disposera le jour seulement où il sera admis à la relégation individuelle; l'autre moitié devient *disponible* mais demeure néanmoins entre les mains de l'administration qui se charge elle-même de payer au cantinier les dépenses faites par les relégués en menus objets et denrées diverses, sous les yeux d'un surveillant.

Ces avantages, on le voit, sont considérables et l'on serait en droit de supposer que le rendement en travail a été en rapport avec les sacrifices effectués. Il n'en est rien. C'est à peine si, en huit années, la relégation a pu, à l'île des Pins, suffire à l'entretien des locaux existants et à la construction de bâtiments nouveaux nécessités par l'augmentation incessante du personnel.

Kuto, Kaa, Koëville, Ouameu, Ouaméo, tous les centres enfin, ont vu s'édifier des constructions nouvelles : logements pour les surveillants, logements et prisons pour les relégués.

Mais tous ces gens-là ne sont pas maçons, forgerons, charpentiers, menuisiers ou peintres et plusieurs centaines restaient encore auxquels ils fallait procurer du travail.

C'était le cas ou jamais d'utiliser pour la colonisation cette pléthore de main-d'œuvre ! Il n'entre pas, malheureusement, dans les idées de l'administration pénitentiaire de sortir de ses errements habituels, et, quand il y avait tant de choses bonnes et durables à accomplir, elle a porté tous ses efforts sur la ferme d'Uro, sur les cultures de maïs, de haricots, de manioc et sur les routes.

Nous avons dit déjà ce que nous pensons de ces routes. Celles qui ont été faites par la déportation suffisaient plus que largement aux besoins de l'île. Les routes nouvelles n'ont qu'une utilité : faciliter les promenades ; on pouvait s'en passer.

La ferme emploie plus de 50 relégués, ils élèvent des bêtes à cornes, des volailles et font des cultures maraîchères. Il serait intéressant, chiffres en mains, de comparer les résultats obtenus avec les dépenses faites. A défaut de documents nous affirmons que c'est à peine si l'on arrive à dresser assez de bœufs pour suffire aux labours et pour suppléer à l'insuffisance des chevaux de trait ; les vaches fournissent environ 60 litres de lait. En dehors de ce qui est nécessaire aux besoins de l'hôpital, ce lait est vendu au personnel libre en nature ou sous forme de fromage et de beurre cédé à raison de 3 fr. 50 le kilogramme. Remarquons en passant que par chaque paquebot, l'Australie envoie à Nouméa du beurre excellent dont le prix ne dépasse pas 3 francs le kilogramme.

Pourquoi élève-t-on des porcs ? On ne fait ni graisse, ni salaisons et les cessions sur pieds étant d'un prix de beaucoup supérieur au prix du commerce, nul ne se soucie d'acheter les *pocas* de l'administration quand on en trouve partout, dans l'île, chez les indigènes, à raison de 50 et 60 centimes le kilogramme.

Le poulailler est très abondamment fourni ; mais, par suite d'un phénomène inexplicable, il n'arrive pas toujours à approvisionner l'hôpital qui consomme, en moyenne, une douzaine d'œufs par jour.

Les résultats obtenus avec le potager sont encore plus déplorables. Lorsque la ferme a satisfait aux demandes de légumes faites par les fonctionnaires, — et ces demandes sont peu importantes puisque chacun a son jardin — c'est à peine si elle peut disposer de quelques kilogrammes de carottes et de salades en faveur des malades hospitalisés.

Quant aux cultures en maïs et haricots faites à Ouameu et à Ouaméo, mieux vaudrait n'en pas parler. On aura peine à croire, en effet, que, disposant de bons terrains bien arrosés, de bœufs de labour, de plus de 200 travailleurs, on ne puisse arriver à produire les quelques sacs de maïs nécessaires aux 7 ou 8 chevaux que possède l'administration dans l'île, ni les 100 grammes de légumes verts alloués, en vertu de l'arrêté du 27 décembre 1893, à chaque relégué (1).

Mais ce n'est pas tout. A côté de ces agriculteurs, de ces prétendus travailleurs, de cette force vive de la relégation, restaient les vieillards, les impotents et ceux encore qu'un état de santé un peu débile ou une infirmité légère ont fait classer aux « travaux légers ». A ceux-là comme comme aux autres l'administration est con-

---

(1) Ration n° 6 à délivrer aux relégués collectifs :
Pain de 2e qualité..... 0 k. 750 | Légumes verts......... 0 k. 100
Viande fraîche........ 0   250 | Sel.................. 0   014
Fayols ou pois (4 fois | Vinaigre (4 fois par se-
  par semaine)...... 0   100 | maine)............ 2 clres.
Riz (3 fois par sem.).. 0   060 | Saindoux............ 6 gr.

trainte de donner du travail, quand ils en demandent, afin de pouvoir par le salaire acquis augmenter la ration alimentaire reconnue insuffisante.

Les uns furent employés comme plantons, cantonniers ou écrivains; les autres confectionnèrent, pour le compte de l'administration, des espadrilles, des paillassons, des corbeilles et des paniers.

Un commandant de pénitencier eut, un jour, une idée originale. Il autorisa un certain nombre d'impotents à s'établir sur un petit lot de terre, à y construire une maisonnette et à s'y livrer chacun à l'occupation de son choix.

Ces concessions en raccourci furent installées dans les bons terrains de Koeville et l'on vit bientôt s'élever là un véritable petit village d'une trentaine de cases. Certains *concessionnaires* exerçaient le métier de cordonniers et de tailleurs pour les fonctionnaires qui leur donnaient de l'ouvrage; d'autres cultivaient des jardins dont ils venaient vendre les produits de maison en maison.

Au point de vue absolu, l'idée de cette tentative de colonisation par les relégués n'était peut-être pas mauvaise en soi, mais elle était déplorable au point de vue disciplinaire. Elle avait, en outre, cet inconvénient de donner les faveurs de la liberté relative, les douceurs du « home » et la possibilité d'amasser quelques sous à une catégorie d'individus qui voulaient bien travailler pour leur propre compte mais ne consentaient à rien faire — en arguant de leur âge ou de leurs infirmités — pour l'administration qui leur donne les vivres et les vêtements. C'était donc une prime donnée à la paresse, alors que les bons travailleurs, restant soumis à la loi générale, continuaient à subir la promiscuité de la case commune, les vexations de la surveillance incessante et surtout l'impossibilité d'avoir du numéraire en poche, tandis que les *concessionnaires*, grâce à leur trafic avec le personnel libre, pouvaient toujours disposer de quelque argent comptant.

Ces inconvénients frappèrent, du premier coup, le gouverneur M. Feillet, et il a donné l'ordre formel de faire rentrer au camp tous ces concessionnaires d'un nouveau genre.

Nous n'avons pas parlé de la portion féminine de la relégation. A quoi bon ? Quel parti, en effet, aurait on pu tirer de cette agglomération de 200 femmes ? On les a occupées à confectionner des chemises, des pantalons, des vareuses et des chapeaux de paille pour les récidivistes et les condamnés aux travaux forcés. Nous ne voyons pas ce qu'il y avait de mieux à en faire.

Voilà, résumée en quelques lignes, l'œuvre de la relégation à l'Ile des Pins. Si elle est nulle, la faute en est, au fond, moins peut-être à l'administration pénitentiaire elle-même qu'aux qualités négatives des récidivistes.

Après avoir vu de près ces « parasites sociaux », selon l'expression si juste de M. Léveillé, on se rend aisément compte de la difficulté de la tâche imposée aux administrateurs le jour où on leur a confié le soin de tirer parti des relégués.

Le criminaliste distingué dont nous venons de citer le

nom écrivait un jour dans *Le Temps :* — « J'ai déjà
« plusieurs fois affirmé que, si les récidivistes étaient
« livrés au ministère de l'intérieur nous dépenserions
« sans résultat des millions et des hommes, que si, au
« contraire, les récidivistes étaient confiés à la marine,
« il ne nous serait pas impossible de tirer parti de cette
« main d'œuvre pénale. » — L'expérience a été faite
conformément au désir exprimé par M. Leveillé et les
résultats en sont déplorables.

Pour ces « indisciplinés » plus encore que pour les
forçats, la régénération par le travail est une utopie.

Le rôle colonisateur de la transportation est nul,
qu'elle s'appelle relégation ou bagne. « C'est une main-
« d'œuvre dépréciée et qui peut facilement et avanta-
« geusement être remplacée.

« Quant à la colonisation pénale, elle n'a jamais été
« considérée par personne ici comme un avantage pour
« le pays. Elle a été une expérience intéressante et qui
« devait être faite; mais cette expérience est suffisante
« aujourd'hui pour qu'on en puisse tirer une conclu-
« sion. Ce n'est pas sur la colonisation pénale qu'il faut
« compter pour peupler le pays » (1).

---

(1) Discours prononcé à l'occasion de l'ouverture solennelle de
la session ordinaire du conseil général de la Nouvelle-Calédonie,
par M. P. Feillet, gouverneur, le 23 avril 1895.

CHAPITRE VII

Climatologie et pathologie.

Sommaire : Température moyenne de l'île des Pins en 6 années. — Comparaison entre cette température et celle de la Nouvelle-Calédonie. — La saison chaude. — La saison fraîche. — Pression barométrique moyenne. — Les pluies. — Les rosées. — Les orages. — Les ouragans. — Les tremblements de terre.
Statistique médicale. — La morbidité. — La mortalité. — Les maladies des organes respiratoires. — Le paludisme — La dysenterie. — La fièvre typhoïde. — La coqueluche. — Le typhus cérébro-spinal. — La lèpre.

La situation géographique de l'île des Pins par 22° 35' de latitude Sud, place cette île à un degré à peine en dedans du tropique. Elle se trouve donc comprise dans la zone torride proprement dite, le mot torride étant pris ici dans sa signification astronomique absolue.

Dans ses *Études d'hygiène intertropicale* publiées dans les *Archives de médecine navale* en 1877, le docteur Layet divise les climats en climats chauds, climats tempérés et climats froids. D'après lui, il faut ranger sous les climats chauds toutes les régions qui s'étendent entre le 30ᵉ degré de latitude Sud et le 30ᵉ degré de latitude Nord.

M. Jules Rochard, dans son article *Climat* du *Nouveau Dictionnaire de médecine et de chirurgie pratiques*, adopte la même classification mais en donnant pour limite des climats chauds les isothermes de $+25°$ et de $+15°$, ce qui revient à peu près au même, car la ligne isothermique de l'hémisphère Sud, partant de l'extrémité méridionale de l'Afrique, traverse l'océan Atlantique, se dirige vers l'Amérique du Sud où elle descend un peu, franchit l'Océan Pacifique en se rapprochant de l'Équateur, et court à travers l'Australie, pour aller aboutir à son point de départ.

Nous pensons qu'il est préférable d'admettre, avec Fonssagrives : 1° des climats chauds proprement dits sous lesquels la température moyenne oscille entre $+15°$ et $+20°$;

2° Des climats mésothermiques dont la température moyenne varie de $+20°$ à $+25°$;

3° Enfin des climats hyperthermiques, c'est-à-dire ceux où la température est toujours supérieure à $+25°$.

En suivant cette classification nous verrons que le climat de l'île des Pins doit être rangé dans la deuxième catégorie, climats mésothermiques, ainsi que le démontre le tableau suivant où nous avons consigné les températures (max. et min.) observées pendant une période de six années :

TEMPÉRATURE

MOIS	1889		1890		1891		1892		1893		1894		MOYENNE MENSUELLE	
	Max.	Min.	Max.	Min.	Max.	Min.	Max.	Min.	Max.	Min.	Max.	Min.	Max.	Min.
Janvier...	32	25	31	20	29	24	31	21	31	22	32	25	31.0	22.8
Février...	30	23	32	22	31	23	30	18	32	22	32	24	31.1	22.0
Mars...	31	24	32	21	28	23	31	24	31	22	30	22	30.5	22.6
Avril...	29	24	30	20	26	21	28	19	30	18	28	18	28.5	20.0
Mai...	27	22	29	20	25	16	23	19	23	16	29	18	26.0	18.5
Juin...	28	21	28	19	24	17	22	18	23	19	26	17	25.1	18.3
Juillet...	26	16	26	16	24	16	22	13	24	17	26	15	25.1	15.5
Août...	25	14	24	18	24	13	23	14	24	16	25	17	24.1	15.3
Septembre...	25	17	26	19	24	16	24	15	23	17	27	15	24.8	16.5
Octobre...	28	18	29	20	24	18	30	17	24	18	27	14	27.0	17.5
Novembre...	29	16	30	21	25	21	32	21	25	21	29	18	28.3	20.1
Décembre...	30	20	31	22	32	21	32	23	30	22	32	20	31.1	21.3

La moyenne annuelle déduite des moyennes mensuelles de ces six années d'observations est de 23°4.

Elle est inférieure de deux degrés à la température moyenne de la Nouvelle-Calédonie qui, d'après Legrand (1), serait de 25°5; inférieure également de 1°3 à la température moyenne de Nouméa. M. le pharmacien de 1re classe Campana, qui a relevé avec soin les températures prises à l'hôpital militaire pendant six années (1876-1881), donne la moyenne de $+24°7$ au chef-lieu de la Nouvelle-Calédonie.

Quoi qu'il en soit de cette différence, elle est bien plus sensible si l'on observe de près la marche du thermomètre. On constate, en effet, que les températures extrêmes ont été, à Nouméa : maximum : $+36°2$, minimum : $+14°$. A l'île des Pins, par contre, si le thermomètre descend rarement à $+13°$ pendant la saison fraîche, il dépasse tout aussi rarement $+32°$ pendant la saison chaude.

L'écart entre les extrêmes est donc de 22°2 à Nouméa; il est de 19 degrés seulement à l'île des Pins. La température est, par conséquent, plus uniforme à l'île des Pins qu'à Nouméa.

Il faut remarquer, en outre, que les vents alyzés soufflent durant presque l'année entière. Les journées de calme absolu sont excessivement rares. Grâce à ces brises bienfaisantes l'évaporation cutanée est généralement très active et les vêtements de drap ou de laine

---

(1) Legrand, *loc. cit.*, p. 159.

sont souvent nécessaires. Le froid que l'on ressent, à certains moments, semble peu en rapport avec les indications fournies par le thermomètre. Tous ceux, d'ailleurs, qui ont habité quelque temps les colonies, savent fort bien que le thermomètre est un instrument très insuffisant pour mesurer les impressions de froid ou de chaleur qu'on éprouve sous les climats intertropicaux.

En réalité, le climat de l'Ile des Pins peut se diviser en deux saisons bien tranchées : une saison chaude qui va de novembre à avril inclus et une saison fraîche qui va de mai à octobre.

La température moyenne de la saison chaude est de 25°5 à l'Ile des Pins ; elle dépasse 26°5 à Nouméa.

La température moyenne de la saison fraîche est de + 21°1 à l'Ile des Pins, elle est de + 22°5 à Nouméa.

« Possédant maintenant tous les éléments qui per-
« mettent de juger de l'excellence du climat calédonien,
« nous pouvons établir des comparaisons. On a souvent
« rapproché ce climat de celui de l'Algérie et du Midi
« de la France.

« Sans exagération, il serait peut-être facile de dé-
« montrer que, pour ce qui est de l'intérieur tout au
« moins, l'avantage reste incontestablement à la grande
« Ile du Pacifique.

« Sans parler de l'Algérie, vous le savez du reste, la
« température est parfois excessive dans nos climats
« méridionaux.

« Si la moyenne générale y est de 22·0, il convient
« de rappeler que celle des maxima atteint et dépasse

« 36°3. (Cette moyenne des maxima est de 27°4 seule-
« ment à l'île des Pins.)

« Passons à l'hiver. Qu'on dire ? La moyenne des
« minima est pour Aix, Marseille, de + 11 degrés, il
« est vrai, mais la température ne s'abaisse-t-elle pas
« jusqu'à 0° et au-dessous, et le Rhône ne gèle-t-il point
« plusieurs fois par siècle, alors que nous jouissons ici,
« pendant la saison d'hiver, d'un merveilleux prin-
« temps » (1) ?

Ces paroles s'appliquent à l'île des Pins plus encore
qu'à la Nouvelle-Calédonie et nous n'y ajouterons pas
un mot.

La pression barométrique moyenne déterminée par
une période de six années d'observations prises sur un
baromètre anéroïde situé sous la vérandah de la pharmacie de l'hôpital d'Uro, à 40 mètres environ au-dessus du niveau de la mer, est de 760.7. Au cours de ces
six années, la pression maximum observée a été de 768
le 12 septembre 1891 à 9 heures du matin. La pression
minimum est tombée à 733 le 10 février 1891 à 6 heures
du soir pendant un coup de vent.

Nous n'avons aucune donnée précise sur le régime
des pluies à l'île des Pins. Si nous nous en tenons à
notre impression personnelle recueillie après différents
séjours en différentes années, et si nous prenons pour
base de comparaison les observations faites à Nouméa,
nous arriverons à cette conclusion :

---

(1) Legrand, *loc. cit.*, p. 100.

Les jours de pluie sont plus nombreux qu'au chef-lieu.

La quantité de pluie est moindre.

Alors que chaque année, presque, la Nouvelle-Calédonie est soumise à des inondations qui compromettent au plus haut degré le succès des cultures, il n'y a jamais d'inondations à l'île des Pins.

Les rosées sont parfois très abondantes dans les nuits de la saison fraîche. On voit souvent toute la campagne couverte d'une véritable gelée blanche, lente à s'évanouir sous les rayons du soleil.

Il y a peu ou point de brouillards.

Les orages ne sont pas rares. Ils atteignent parfois une violence extrême et sont de peu de durée. Nous en avons cependant vu un au mois de février 1894 qui s'est prolongé pendant une nuit tout entière.

Enfin les ouragans, les cyclones qui s'abattent trop fréquemment sur la grande terre sont, pour ainsi dire, inconnus à l'île des Pins. Nous n'en n'avons jamais observé et nous ne croyons pas qu'il y en ait eu depuis l'année 1878.

Quelques secousses légères de tremblements de terre ont été ressenties en novembre 1878, dans la nuit du 4 mai 1882 et le 14 mars 1892. Elles correspondaient, très vraisemblablement, à des éruptions des volcans voisins, Tanna et Ambrym dans l'archipel des Nouvelles-Hébrides.

On comprendra facilement qu'avec un climat aussi parfaitement équilibré, les maladies sont rares à l'île des Pins. On s'en rendra mieux compte à l'examen du tableau suivant qui résume les mouvements de l'hôpital d'Uro pendant une période de 12 mois, du 1er octobre 1893 au 30 septembre 1894.

Les rélégués (hommes) sont seuls compris dans cette statistique. L'effectif de ces individus, qui était de 1,105 au 1er octobre 1893, a suivi une progression croissante de mois en mois pour arriver au chiffre de 1,426 au 1er octobre 1894.

MOUVEMENTS DE L'HOPITAL D'URO
Du 1er Octobre 1893 au 30 Septembre 1894

MOIS		ENTRÉES	SORTIES	DÉCÈS	NOMBRE de Journées	MOYENNE par jour	MOYENNE par malade
1893.	— Existant au 1er octobre	28					
	Octobre	41	42	10	2.942	31.9	19.4
	Novembre	57	26				
	Décembre	45	57				
1894.	Janvier	34	33	9	2.650	29.6	19.9
	Février	31	44				
	Mars	29	26				
	Avril	24	20	8	2.220	24.4	21.4
	Mai	33	26				
	Juin	25	22				
	Juillet	18	22	4	1.889	20.5	19.4
	Août	24	23				
	Septembre	28	29				
Totaux et moyenne des 12 mois		400	350	31	9.730	26.6	20.0
			381				
Reste au 30 septembre		19					

Nous nous trouvons en présence de 31 décès, dans un an, pour une population qui a oscillé entre 1,105 et 1,426 individus, et quelle population ! Un de nos collègues, à l'arrivée du troisième convoi de relégués, le 5 mars 1888, écrivait dans un rapport :

« On est surpris par l'énorme proportion d'infirmes, d'estropiés, de gens malades ou maladifs. Il y a lieu de se demander si l'administration supérieure n'a pas trié les récidivistes les plus valides pour les envoyer à la Guyane et n'a pas réservé les moins vigoureux pour les faire bénéficier du climat calédonien plus salubre ! »

La même constatation a été faite, pour ainsi dire, à chaque convoi nouveau. Ce sont toujours ou presque toujours des individus affligés de toutes les tares physiques et morales, déprimés par tous les vices et par l'atmosphère délétère des prisons de la métropole où, pour la plupart, ils ont passé une partie de leur existence. Presque tous sont vieux avant l'âge, scrofuleux, tuberculeux, rhumatisants, syphilitiques et alcooliques, alcooliques surtout.

Et malgré cela, l'excellence du climat est telle que la morbidité s'élève seulement à 26,6 par jour, soit une moyenne de 2 0/0, tandis que la mortalité atteint seulement 24,5 pour mille, soit 1 décès pour 40 habitants !

Voilà pour les hommes relégués. Si maintenant nous passons aux femmes, nous trouvons des chiffres sensiblement différents. En effet, pendant l'année 1893-94, sur un effectif moyen de 211, 59 femmes ont été traitées à l'hôpital, et il y a eu 8 décès.

La morbidité est donc de 4 0/0 environ par jour, et la mortalité de 38 pour mille.

Mais ici, plus encore peut-être que pour les hommes, nous avons affaire à une population spéciale. Combien, d'entre ces femmes, ont été envoyées à l'île des Pins, qui auraient dû rester en France? Combien y sont venues malgré l'avis des médecins chargés de les examiner au départ? L'une d'elles, qui mourait quelques jours à peine après son arrivée à Uro avait, sur son dossier, la note suivante, inscrite par le Dr Lacassagne, professeur à la Faculté de médecine de Lyon :

« D... (Marie-Louise), âgée de 55 ans. Constitution
« très médiocre. Tempérament sanguin. A eu autrefois
« la syphilis. Actuellement atteinte de bronchite chro-
« nique avec emphysème et dilatation du cœur. Cya-
« nose des lèvres, anhélation marquée. État cachectique
« commençant. La gravité de cet état ne peut que
« s'exagérer par l'existence coloniale. A utiliser pour
« une profession absolument sédentaire. »

Tous les chiffres cités plus haut s'appliquant à une observation de douze mois seulement, on pourrait objecter que cette période est insuffisante pour apprécier l'ét. sanitaire du pays. Nous rapprocherons donc de cette statistique, bien consolante pourtant, vu surtout la « qualité » du personnel sur lequel elle roule, celle que le Dr Guyot a publiée dans les *Archives de médecine navale* (1), et nous la résumerons en deux lignes :

En six années, du 1er janvier 1873 au 31 décembre

---

(1) Tome XXVI, p. 161.

1878, il y a eu 2,413 entrées à l'hôpital d'Uro. Elles ont amené 212 décès, ce qui fait une mortalité annuelle de 16,42 pour 1,000 déportés, soit 1 décès pour 60 individus. Et cependant, ajoute Guyot, « beaucoup de ces
« hommes, âgés pour la plupart de 25 à 45 ans, étaient,
« à divers degrés, usés prématurément.

« Par le seul fait de leur exil forcé, tous se trou-
« vaient d'ailleurs dans des conditions inférieures de-
« vant l'acclimatement à subir. L'absence de la famille,
« le regret de la patrie, l'espoir à chaque instant déçu
« d'une prochaine amnistie, ont produit chez un grand
« nombre d'entre eux un découragement complet, par
« suite, de l'indifférence pour l'amélioration matérielle
« de la vie, du dégoût pour tout travail ; et chez plu-
« sieurs déjà enclins à l'intempérance, la funeste habi-
« tude de boire a fait des ravages. Inutile, je pense,
« d'insister sur l'influence dépressive et pathogénique
« de l'alcoolisme. »

Existe-t-il à l'île des Pins des maladies spéciales pouvant, à un moment donné, soit par leur gravité, soit par leur caractère épidémique, compromettre la santé et la vie des colons qui viendraient s'y fixer ? Nous répondons hardiment : non ! Nous affirmons au contraire que les conditions de l'existence sont, au point de vue des maladies, meilleures à l'île des Pins que sur n'importe quel point de la France.

Les affections aiguës du poumon, par exemple, si communes en hiver dans les pays tempérés et si meurtrières, font ici presque absolument défaut, grâce à la douceur du climat. Dans la période de six années examinée par le Dʳ Guyot, nous trouvons 215 entrées sur 2,413 pour des affections aiguës des organes respiratoires; c'est à peine 36 par an sur une population moyenne de 2,150 individus; ces 215 cas ont entraîné seulement 17 décès. Dans quelle ville du Midi de la France, dans quel sanatorium trouverait-on une si faible proportion ?

La tuberculose pulmonaire, elle-même, revêt ici, comme dans toute la Nouvelle-Calédonie, du reste, un caractère torpide qui a été signalé par de nombreux médecins.

Sur 114 phtisiques entrés à l'hôpital d'Uro, de 1873 à 1878, 54 ont succombé à leur affection. « Nos tuberculeux, écrit à l'île des Pins le Dʳ Nicomède en 1888, se maintiennent dans un état stationnaire ; ils durent grâce au climat. »

Comme il serait hors de notre cadre d'écrire ici un chapitre de climatologie médicale ou de pathologie exotique, nous nous bornerons à passer rapidement en revue les diverses affections qu'on rencontre le plus habituellement dans les pays chauds, et à voir comment elles se comportent à l'île des Pins.

Nous avons déjà eu l'occasion, au cours de ce travail, de faire remarquer que le paludisme, inconnu en Nouvelle-Calédonie, l'est également à l'île des Pins, malgré l'existence de marais relativement nombreux. Quelle que soit la cause de cette immunité, l'endémie palustre, si commune dans la plupart de nos colonies, si fréquente aux Nouvelles-Hébrides, où personne ne lui échappe, ne s'est jamais montrée à Kougnié. Nous avons même pu constater, avec tous les médecins qui se sont succédé dans ce poste, que les fièvres d'origine paludéenne, contractées ailleurs, y marchent rapidement vers la guérison. Le fait a été victorieusement démontré en 1886-87 ; les militaires impaludés revenant des Nouvelles-Hébrides ont vu, en quelques semaines, disparaître complètement les accès contractés à Port-Sandwich et à Port-Havannah.

Voilà donc écartée, du premier coup, cette grande classe de maladies, souvent meurtrières, toujours débilitantes, qui rendent parfois impossible le séjour des Européens dans les pays chauds : fièvres intermittentes, fièvres rémittentes, accès pernicieux, fièvres bilieuses ! L'anémie même est inconnue !

La dysenterie existe à l'Ile des Pins. On peut même dire que cette affection est la plus commune de toutes celles que le médecin a à soigner. Elle présente son maximum de fréquence dans la saison de transition, mars et avril, alors que les hautes températures de l'été prennent fin et que des nuits déjà froides succèdent à des jours encore chauds. Des pluies abondantes coïncidant avec une température élevée favorisent aussi son éclosion. Si nous joignons à ces causes, qui sont le résultat des influences atmosphériques, les fatigues excessives, le surmenage physique, la mauvaise alimentation, l'abus des fruits verts, nous aurons exposé à peu près toutes les conditions propres à provoquer la dysenterie. Il est à remarquer que les fonctionnaires et les militaires qui jouissent, à l'Ile des Pins, d'une hygiène très convenable, sont rarement atteints par l'affec-

tion qui nous occupe. Empressons-nous, du reste, d'ajouter que la dysenterie offre ici peu de gravité, et qu'une issue fatale est rare lorsque le malade suit docilement les prescriptions médicales. Dans la statistique du Dr Guyot, nous trouvons 269 cas de dysenterie en six ans et 28 décès par suite de cette maladie, soit 4,6 par an chez les déportés « dont un grand nombre étaient
« usés prématurément par les fatigues, les privations,
« les excès divers; ils se trouvaient en outre, par leur
« situation même, dans un état de dépression morale
« physique facile à concevoir » (1).

On accuse la Nouvelle-Calédonie en général, et Nouméa en particulier, d'être un foyer de fièvre typhoïde. Cette maladie, importée par les bateaux venant de Brest, de Lorient et de Toulon, a, en effet, pris racine dans le chef-lieu de la colonie, d'où elle a rayonné sur tous les points de l'intérieur. L'Ile des Pins n'en est point indemne; mais, à part quelques poussées épidémiques dans le genre de celle citée par Moursou (2), d'après Guyot, et qui frappa 19 soldats d'infanterie de marine, avec 4 décès sur un effectif de 80 hommes nouvellement arrivés de France, on peut dire que la fièvre typhoïde est rare à l'Ile des Pins. Guyot en cite seulement 43 cas, dont 14 mortels, chez les déportés, dans l'espace de six années. Le Dr Nicomède a signalé (3) une petite épidé-

---

(1) Guyot. « La déportation simple à l'Ile des Pins » (Archives de médecine navale, t. XXXVI, p. 161).

(2) Moursou. Archives de médecine navale, Tome XLIII, p. 122.

(3) Nicomède. Un coin de colonisation pénale, p. 65.

mie qui sévit en 1880, sur la 37ᵉ compagnie du 3ᵉ régiment d'infanterie de marine, et dans laquelle il y eut 9 soldats atteints de fièvre typhoïde avec 1 décès. En 1893-1894, nous avons observé 7 cas de cette maladie, dont 1 mortel, sur une population de 1,675 individus.

L'hépatite, sous toutes ses formes, existe à l'Ile des Pins; 49 cas, dont 13 mortels, dans l'espace de six ans, d'après la statistique de Guyot. Mais si, pour expliquer la genèse de cette maladie, on a accusé la mauvaise qualité des alcools consommés dans le pays, « il faut surtout mettre en cause, comme le dit si justement le D' Nicomède, la grande proportion d'alcooliques qui existent dans les convois de transportés » et aussi, ajouterons-nous, les habitudes si facilement contractées par beaucoup de gens trop oublieux de ce grand principe : la tempérance est, dans les pays chauds, la première condition d'une bonne santé.

Différentes maladies contagieuses ont, par intervalles, fait une courte apparition à l'Ile des Pins : la coqueluche a sévi avec intensité chez les indigènes, en 1887. Nous en avons vu quelques cas apportés de Nouméa en 1894; ils ne se sont pas propagés. D'une façon générale, toutes ces maladies ont été facilement confinées dans leur foyer d'éclosion.

En ce qui concerne les maladies épidémiques, nous ne connaissons guère que l'influenza, laquelle, dans ces dernières années, et principalement en 1891, a frappé un grand nombre d'individus.

Nous avons constaté, en 1882, une épidémie de typhus cérébro spinal chez les indigènes; mais, trop éloigné d'eux pour suivre la marche de la maladie, nous n'avons pu recueillir aucun document précis sur l'intensité et la gravité de cette affection relativement rare. Elle n'a, du reste, atteint aucun Européen.

Nous terminerons ce chapitre en nous arrêtant un moment sur une maladie qui, dans ces dernières années, a excité à un haut degré l'attention du corps médical tout entier et qui a paru, à une certaine époque, devoir éveiller la sollicitude des pouvoirs publics en Nouvelle-Calédonie. Nous voulons parler de la lèpre.

C'est en 1888 seulement que les ravages exercés par la lèpre dans les tribus indigènes de la grande terre ont provoqué sur tous les points de l'île des recherches qui ont amené bientôt les constatations suivantes : un nombre considérable de Canaques sont atteints ; la mortalité est très grande ; des blancs ont contracté la maladie. Nous n'avons pas à signaler ici ce qui a été fait ou ce qui aurait dû être fait pour arrêter le mal.

Examinons-le seulement à l'Ile des Pins.

Les indigènes de Kougnié n'avaient jamais vu chez eux un cas de lèpre avant l'arrivée des Canaques exilés à la suite de l'insurrection de 1878. La lèpre aurait été apportée à l'Ile des Pins par un exilé de la tribu de Poqueroux, près de La Foa, à 150 kilomètres de Nouméa. Personne ne soupçonnant la nature contagieuse de la maladie dont était porteur cet indigène, on ne prit contre lui aucune mesure d'isolement. Il mourut en 1880. Les Canaques ne tardèrent pas à s'apercevoir que, plusieurs de ceux qui avaient habituellement approché le défunt, étaient atteints du même mal que lui-même. La contagion, dès lors, se répandit rapidement parmi les exilés et on constata même quelques cas parmi les Kougniés. En 1888, le D⁪ Nicomède visita 10 indigènes supposés lépreux : 4 d'entre eux furent reconnus malades, les autres renvoyés à un examen ultérieur.

En janvier 1890, le D⁪ Proux désigna 13 lépreux pour être dirigés sur la léproserie d'observation qui venait d'être créée à l'Ile aux Chèvres, près de Nouméa.

En septembre 1892, le D⁪ Hébrard constatait la présence de la lèpre chez 30 indigènes qui furent dirigés le 6 octobre sur la léproserie de Belep, au Nord de la Nouvelle-Calédonie.

On voit avec quelle rapidité a marché le fléau : 4 malades en 1888, 13 en 1890 et 30 en 1892, sans compter les individus simplement suspects ou ne présentant pas des lésions nécessitant l'internement immédiat dans une léproserie.

Au 10 octobre 1892, 56 indigènes des tribus exilées avaient été notoirement atteints de lèpre. Sur ces 56 lépreux, 23 étaient morts à cette date ; les autres étaient internés soit à l'Ile aux Chèvres, soit à Bélep.

Parmi les indigènes de Kougnié, 0 étaient lépreux : 2 ont succombé à la maladie, 2 ont été dirigés sur Bélep.

En septembre 1894, nous avons examiné 21 indigènes dont 15 hommes et 6 femmes déclarés lépreux ou soupçonnés de l'être. Nous avons reconnu la maladie parfaitement confirmée chez 13 d'entre eux : 7 hommes et 6 femmes.

Ces lépreux sont encore à l'Ile des Pins.

Malheureusement pour la santé publique l'émoi causé dans la population européenne de la Nouvelle-Calédonie en présence du fléau et de sa marche rapide, à la nouvelle surtout que des blancs étaient atteints, a fait place depuis bientôt trois ans à une indifférence absolue. Le Conseil général de la colonie, à court d'argent, a profité de cette indifférence pour diminuer, sinon pour supprimer presque totalement les crédits affectés aux léproseries; on ne prend plus aucune mesure d'isolement et, pendant ce temps, la lèpre progresse et fait des victimes !

Hâtons-nous de dire, en terminant, qu'aucun blanc, à aucune époque, n'a contracté la lèpre à l'Ile des Pins.

CHAPITRE VIII

Avenir de l'Ile des Pins.

Sommaire : Le sanatorium. — La maison de santé. — Asile des vieillards. — Les chalets de plaisance. — L'Ile des Pins station balnéaire. — Utilisation de l'Ile des Pins par la colonisation. — Les mines — Immigrants libres. — Les différents systèmes de mise en concession. — Le capitaine Paddon et son système de métayage. — Les concessionnaires de Trazégnies. — Ceux de Gomen. — Ceux de Moindou. — Le domaine de la Ouaménie. — Le système actuel de colonisation apprécié par le gouverneur. — Ce que devront faire les colons à l'Ile des Pins. — Allotissement des terrains et de la forêt. — Utilisation des vases de Gadji. — Un système mixte de mise en concession. — Conclusion.

Après avoir étudié l'Ile des Pins dans son passé, montré ce qu'elle est dans le présent, il nous reste à rechercher ce qu'on en pourra faire dans l'avenir.

La salubrité de son climat ne peut être mise en doute après les statistiques établies dans le chapitre précédent. Nous avons démontré, en outre, par des documents très précis, que la température moyenne de Kougnié est inférieure de près de 2 degrés à celle de la Nouvelle-Calédonie; nous avons vu aussi que le thermomètre n'atteint jamais les températures élevées qui, pendant plusieurs jours et souvent pendant plusieurs semaines, règnent sans interruption sur la grande terre. Nous savons enfin que les grandes perturbations atmosphériques, dont trop souvent, hélas! souffrent nos campagnes calédoniennes, sont beaucoup plus rares et surtout beaucoup moins intenses à l'Ile des Pins. Les vents alyzés y soufflent avec plus de régularité et de continuité.

Nous croyons, enfin, avoir suffisamment démontré que ce climat, dans son ensemble, est tout aussi bon sinon meilleur que le climat du Midi de la France.

Il y aurait donc lieu, à notre avis, de tirer parti de tous ces avantages pour la création d'un sanatorium où seraient envoyés pendant quelques semaines ou quelques mois la plupart des officiers, fonctionnaires, agents divers et militaires que le conseil de santé de Nouméa se voit trop souvent obligé de renvoyer en France faute de posséder, dans la colonie, un établissement propre à recevoir ces convalescents.

Je sais que divers endroits ont été déjà proposés pour cette affectation. On a parlé de la baie du Prony, au Sud-Ouest de la Nouvelle-Calédonie. Elle jouit, certes, d'une salubrité irréprochable et d'une température fort agréable, plus agréable, peut-être, que celle de l'Ile des Pins. Mais on a oublié qu'à cet endroit tout est à créer, surtout des routes; que la nature essentiellement ferrugineuse du sol entraîne une impossibilité presque absolue d'avoir des jardins; que, dans tous les cas, elle est une cause permanente de malpropreté : vêtements, meubles, objets de literie, tout est couvert d'une poussière rouge dont il est fort difficile de se débarrasser. Les montagnes abruptes, escarpées qui entourent la baie rendent les promenades excessivement pénibles. Enfin et surtout il y pleut beaucoup trop.

Le versant sud du mont Mou, dans la vallée de Païta, à proximité de Nouméa, réunirait des conditions meilleures à certains points de vue : fertilité du sol, promenades faciles et agréables, pluies moins fréquentes. Mais, d'autre part, le mont Mou est au moins à 10 kilomètres de la côte; de là, privation de bains de mer pour les convalescents, et, en outre, difficulté notable et frais importants pour le transport du personnel et des approvisionnements. Enfin, là encore, tout est à créer.

L'île des Pins, par contre, réunit toutes les conditions qui ont fait songer à Prony et au mont Mou et toutes celles qui manquent à ces deux localités.

L'endroit à choisir pour l'installation d'un sanatorium serait, à notre avis, la presqu'île Kuto à cause, d'abord, de sa situation même. Elle est telle, en effet, que nous pouvons la comparer au pont d'un navire solidement embossé au milieu de l'Océan. De tous les côtés, du Nord au Sud, de l'Est à l'Ouest, les brises la balayent, la rafraîchissent, l'assainissent sans qu'aucun obstacle arrête leur œuvre bienfaisante. Il y aurait, en outre, peu à faire, pour créer, presque sans frais, l'établissement dont nous parlons.

Si nous nous plaçons, en effet, dans l'éventualité d'une prochaine évacuation de l'île des Pins par l'administration pénitentiaire, nous trouvons là de nombreux bâtiments qui vont devenir disponibles et, par conséquent, immédiatement utilisables.

En premier lieu, ce sont les locaux actuellement occupés par les militaires. Il y aurait peu de chose à faire pour les transformer en une maison de santé très confortable et pouvant recevoir au moins 40 ou 50 hommes.

En face de ces bâtiments se trouvent les maisons habitées par le commandant de la troupe, le médecin et l'officier d'administration. Il serait facile de relier entre eux le logement du commandant de la troupe et celui du médecin et de les diviser en 6 ou 8 chambres particulières qui suffiraient largement aux officiers subalternes et fonctionnaires assimilés appelés à jouir d'un congé de convalescence. Le logement actuel de l'officier d'administration pourrait être affecté aux officiers supérieurs et fonctionnaires assimilés.

Mais, en supposant même qu'on ne voulût pas utiliser pour le sanatorium les locaux que nous venons de signaler, il ne serait pas très coûteux de construire un établissement hospitalier. Chaux, moellons, pierres de taille, bois de charpente et de menuiserie : on trouve tout sur place et à profusion et l'on peut, pendant qu'il en est temps encore, disposer d'une main-d'œuvre considérable qui croupit à l'heure actuelle dans une oisiveté presqu'absolue faute de travail à lui faire rendre et à laquelle, cependant, il faut payer des salaires.

L'île produirait abondamment les aliments frais nécessaires à l'approvisionnement des tables : viande, poisson, volailles, œufs, lait, légumes; nos convalescents trouveraient, dans la presqu'île même, des promenades ombragées toutes faites, un parc naturel tout planté, tout sillonné de sentiers pittoresques ; tout près de là, à 200 mètres à peine, l'anse de Kanumera avec sa belle plage que lui envieraient, à bon droit, plus d'une de nos stations balnéaires à la mode, et, partout autour d'eux, la mer avec sa grève de coraux vivants et son immensité bleue.

Il n'entre pas dans le plan de ce travail de décompter les économies que réaliserait l'État si ce projet était jamais mis à exécution. Mais on s'en fera facilement une idée en sachant :

1º Que chaque mois, un paquebot de la Compagnie des Messageries maritimes quitte Nouméa en rapatriant pour cause de santé au moins un fonctionnaire du grade d'officier, lequel est suivi de sa famille (une femme et un enfant au minimum) ;

2º Que le prix du passage de Nouméa à Marseille pour cette famille de trois personnes seulement doit être compté à 3,000 francs en moyenne, les officiers voyageant tous en première classe et les fonctionnaires civils du grade inférieur à celui de chef de bataillon prenant place à la 2º classe.

Voilà donc, du premier coup, une économie annuelle de 36,000 francs, sans compter les frais de rapatriement des convalescents, sous-officiers ou assimilés, militaires, etc., qui, certainement, se chiffrent par une somme au moins égale.

Dès la première année, on aurait gagné, et au delà, les frais d'installation première, dût-on même construire de toutes pièces le sanatorium, sans utiliser aucun des bâtiments existants.

Laissons maintenant de côté l'État; parlons seulement de la colonie proprement dite et de la ville de Nouméa.

La Nouvelle-Calédonie ne possède aucun établissement hospitalier en dehors de l'hôpital militaire; les malades civils, hommes, femmes et enfants, peuvent y être admis en remboursant à l'administration des hôpitaux le prix des journées de traitement. C'est bien, en attendant mieux, c'est-à-dire la création d'un hôpital civil.

Mais, d'ici là, il y a quelque chose à faire; il y a à fonder une maison de santé pour les colons peu fortunés qui, à l'issue d'une maladie longue et débilitante, n'ont pas les moyens pécuniaires d'aller passer dans quelque localité de la brousse, une villégiature de quelques semaines. Il y a à créer un asile pour les vieillards incapables de pourvoir à leur subsistance.

J'ai la conviction que la population applaudirait des deux mains, si les assemblées élues du pays (Conseil général et Conseil municipal) prenaient des résolutions en ce sens et si elles décidaient que ces établissements indispensables fonctionneront à l'île des Pins.

Peut-on arguer, contre ce projet, de l'état précaire des finances de la colonie? Nous ne le pensons pas.

La création de cette maison de santé et de cet asile entraînerait, en effet, peu de frais. Il ne manque pas à l'île des Pins, à Uro par exemple, de bâtiments en parfait état, tout à fait propres à l'usage que nous voulons en faire. Le jour où elle devra les évacuer, l'administration pénitentiaire cèdera, j'en suis sûr, à des conditions excellentes, les cases actuellement occupées par les femmes reléguées. Les frais d'installation et d'entretien seraient certainement couverts par les dons particuliers et les sommes versées à titre de remboursement par quelques-uns des convalescents et des vieillards admis dans l'établissement.

Dans tous les cas, on peut faire quelque chose dans le sens que nous indiquons et il existe, à coup sûr, dans la colonie assez d'esprits généreux pour adopter notre idée, la faire germer, la mûrir et doter un jour la Nouvelle-Calédonie de ces maisons de secours que nous réclamons au nom de la charité.

Nous verrions, avec plaisir, la spéculation saisir cette occasion de faire fructifier ses capitaux en utilisant les beautés naturelles de l'île et son climat que nous préconisons pour les convalescents. Pendant notre séjour en Nouvelle-Calédonie, nous avons souvent entendu des familles aisées se plaindre de ne pas trouver, à proximité de Nouméa, un endroit de plaisance, un lieu de villégiature où la variété des sites, la facilité des promenades et la douceur de la température permettraient de fuir le chef-lieu pendant la saison chaude.

Beaucoup ont, depuis longtemps, songé à l'île des Pins et y auraient volontiers cherché quelque site pittoresque pour y édifier une villa de plaisance ; mais l'administration pénitentiaire a impitoyablement fermé l'île à tout projet de ce genre.

Il est à souhaiter que le gouvernement local lève enfin l'interdit dont est frappé Kougnié, que des lots de terrains soient cédés à des conditions peu onéreuses à ceux qui en feront la demande en spécifiant l'objet pour lequel ils l'ont formulée, et sous cette réserve expresse que l'acheteur devra, dans un délai déterminé, édifier sur le terrain vendu une construction convenable et répondant à l'objet de la demande.

On ne tarderait pas, j'en suis sûr, à voir s'élever, en différents points de la côte, des chalets de plaisance, des hôtels confortables, un casino peut-être. Grâce à la facilité et à la rapidité des communications, chalets, hôtels, casino seraient bien vite fréquentés. Et qui sait même si, grâce au concours de la presse, nos voisins d'Australie ne viendraient pas souvent se reposer de leurs labeurs dans cette île si agréable où la beauté des sites s'ajoute à la douceur du climat; où le touriste avide de belles choses en rencontre à chaque pas, où la grandeur et la majesté des grottes une fois connues et proclamées dans les journaux australiens suffiraient, à elles seules, à attirer les visiteurs.

Une réclame intelligente et honnête établirait bientôt, par la parole et le journal, par le dessin et la photographie, la réputation de notre île, et un avenir peu éloigné, peut-être, pourrait amener la réalisation du rêve que nous caressons, de voir l'île des Pins devenir la station balnéaire du Pacifique.

Elle a tout ce qu'il faut pour cela, mais il est nécessaire de l'émanciper.

A côté du sanatorium et du Nice océanien que nous venons de créer à Kougnié, il y a, en outre, place pour la colonisation, le commerce, l'industrie et l'agriculture.

Nous nous sommes efforcé, au cours de cette étude, d'énumérer une à une les richesses de toutes sortes accumulées dans l'île : la terre, la forêt, la mer en contiennent à profusion. Le massif éruptif doit être, lui aussi, ajouté à cette énumération. Tout le plateau, en effet, est jonché de blocs de fer presque pur; on y marche littéralement sur du fer en grenaille, semblable à des plombs de chasse. Le fer n'est pas le seul métal caché dans les entrailles de ce bloc volcanique. On nous a apporté un jour, mais sans pouvoir nous dire exactement l'endroit où il avait été trouvé, un morceau de minerai de pyrite cuivreuse qui nous a paru contenir une très forte proportion du précieux métal. Nous pensons que cette pyrite provenait des environs du pic N'Gao, où l'on rencontre également, comme dans tout le massif montagneux de la Nouvelle-Calédonie, du nickel, du chrome et du cobalt.

Si l'industrie minière qui sommeille si lourdement à l'heure actuelle sortait enfin de sa torpeur, l'exploitation des quelques mines éparses sur le territoire de Kougnié donnerait, pensons-nous, les résultats les plus satisfaisants.

La difficulté du transport des minerais extraits constitue, plus encore peut-être que l'élévation du prix de la main-d'œuvre, un obstacle puissant à la mise en rapport de la plupart sinon de la totalité des mines calédoniennes. Cet obstacle n'existe pas à l'Ile des Pins; toutes les mines qu'on y peut exploiter sont à proximité de la mer ou sous le bord même de routes en parfait état. De la mine on pourrait, pour ainsi dire, jeter directement le minerai dans la cale du bateau qui, en huit heures à peine, le porterait à Nouméa.

Cette considération a une grande valeur économique, et elle n'échappera pas aux hommes d'initiative qui, dans ce pays, consacrent depuis tant d'années leur intelligence et leurs capitaux à l'industrie minière.

Il nous reste à rechercher maintenant le moyen le meilleur de mettre en rapport les terrains de l'Ile des Pins, utilisables pour l'agriculture.

Nous touchons là, nous ne l'ignorons pas, à une question difficile et controversée. Sans avoir la prétention de vouloir préconiser, à l'encontre de tout autre, un certain système de colonisation, nous nous bornerons à exposer, très sincèrement, nos opinions personnelles, qui s'appuient sur les résultats obtenus par la déportation pendant la période de 1872 à 1880, et aussi sur l'expérience acquise à la suite des diverses tentatives de colonisation faites en Nouvelle-Calédonie depuis la prise de possession, c'est-à-dire depuis bientôt un demi-siècle.

Nous jetons une idée avec le désir que quelqu'un la

ramasse, l'analyse la discute, la combatte même. De cette discussion jaillira, nous en sommes sûr, une idée plus féconde, et, si jamais il nous est donné de voir l'île des Pins florissante et prospère, nous aurons la satisfaction intime d'avoir contribué, pour notre modeste part, à cette prospérité.

A notre avis, tous les terrains disponibles de l'île des Pins — et ils le sont tous puisque nous la supposons délivrée de la relégation — doivent être donnés en concessions à des immigrants libres.

La colonisation par l'élément pénal est, en effet, un système absolument condamné par tous ceux qui en ont suivi l'application.

Nous avons reproduit, à la fin d'un précédent chapitre, l'opinion de M. Feillet et nous savons, dès lors, qu'il ne faut pas compter sur la colonisation pénale pour peupler le pays.

Tous ceux, d'ailleurs, qui ont vu de près les centres occupés par les concessionnaires transportés en ont rapporté l'impression la plus pénible. Un de nos collègues et ami, le Dr Nicomède, a peint sous son véritable jour le pénitencier agricole de Bourail qui, en 1885, comprenait 1,776 habitants parmi lesquels les concessionnaires d'origine pénale et leurs familles étaient au nombre de 1,071. — « La devise prétentieuse qu'à une certaine époque on avait voulu donner à Bourail : Réhabiliter; Civiliser; Produire, écrit Nicomède (1),

---

(1) *Un coin de colonisation pénale. Bourail en Nouvelle-Calédonie*, par le Dr Nicomède. Rochefort, imprimerie Ch Thèze, p. 53.

contient autant d'erreurs que de mots. Certes, je ne prétendrai pas qu'il n'y ait pas quelques transportés ayant cherché, grâce aux conditions de ce nouveau milieu social, à effacer le souvenir de leur condamnation. Je ne nierai pas les efforts qui ont été produits pour faire, des vallées marécageuses de Bourail, la belle campagne que nous admirons... Mais, dans une entreprise de ce genre, il faut juger les résultats généraux. Or, au point de vue de la réhabilitation, on est forcé de constater que Bourail est loin d'être une école de moralisation... Reste la question de production. Pour la juger sainement, il faudrait pouvoir mettre en parallèle, les comptes en mains, ce qui a été fait et ce qu'on aurait pu faire pour la colonisation générale; d'un côté, les millions dépensés, de l'autre, les résultats matériel et moral obtenus. Le parallèle serait, je le crains, défavorable à l'administration.

Tous ceux qui ont habité ou visité Bourail, tous ceux qui connaissent la beauté et la salubrité de son climat, la fertilité des concessions rurales, n'ont pu se défendre de faire un rapprochement gros de réflexions : ils ont comparé le sort des concessionnaires à celui des pauvres et honnêtes paysans de certaines par s de la France. Ils se sont dit qu'avant de chercher la régénération douteuse d'un condamné, l'État avait le devoir de prévenir la faute et de consacrer une partie du budget pénitentiaire à combattre la misère, cause de tant de crimes : *Malesuada fames*. Un des meilleurs moyens de combattre la misère dans un pays trop peuplé est d'encourager et de favoriser l'émigration libre. »

Cette page éloquente est un résumé exact de l'œuvre de la colonisation pénale. Les résultats obtenus par la colonisation libre ont-ils été meilleurs? Les sacrifices importants que se sont imposés l'État, la Société de colonisation et la colonie elle-même ont-ils mieux répondu au but poursuivi?

La réponse est encore négative, et les causes qui ont fait échouer jusqu'ici toutes les tentatives de colonisation libre méritent de nous arrêter un instant.

Le premier essai de colonisation par le moyen d'immigrants libres mis en concession, a été fait dès le lendemain de la prise de possession de la Nouvelle-Calédonie. L'idée en revient à un aventurier anglais, connu sous le nom de capitaine Paddon et qui était, croyons-nous, un officier déserteur de la marine britannique. Après avoir, pendant près de quinze années, parcouru les îles du Pacifique en faisant le commerce du bois de santal et de la biche de mer, Paddon se trouvait possesseur, dans notre colonie, de vastes terrains situés principalement aux alentours de Nouméa. L'île Nou, la pointe Ma et la plus grande partie du territoire de Païta lui appartenaient.

Paddon ne pouvant directement mettre en rapport d'aussi vastes propriétés conçut le projet de les allotir et de donner ces lots gratuitement à des immigrants qui, moyennant certains avantages faits par lui, consentiraient à venir tenter fortune dans la colonie nouvelle dont on proclamait partout l'excellent climat et la fertilité. Il chercha ses colons en Australie et il eut, pour le seconder dans ses recherches, un homme d'une intelligence remarquable bien connu en Nouvelle-Calédonie où il occupait dans ces derniers temps, le poste de consul d'Allemagne, M. Knoblauch.

Le 17 mars 1859, le contrat suivant était passé entre M. Knoblauch et cinq familles d'inimigrands allemands qui n'avaient pu réaliser en Australie les espérances conçues. Nous reproduisons textuellement ce document qui n'a jamais été publié :

ENGAGEMENT.

« Entre Ferd. Knoblauch, au nom de M. J. Paddon,
« d'une part, et les soussignés colons d'autre part, il a
« été convenu aujourd'hui ce qui suit :

A.

« I. — M. J. Paddon à Port de France, Nouvelle-
« Calédonie, donne à chacun des soussignés colons et
« famille un passage gratuit à l'avant du brick *Spec*,
« de Sydney en Nouvelle-Calédonie en mai prochain.

« II. — A leur arrivée, M. Paddon s'engage d'aloter
« de sa concession à chacun des colons soussignés, un
« terrain de 20 hectares, qui deviendront leur pro-
« priété, lorsqu'ils auront travaillé dessus cinq années
« consécutives avec leur famille.

« III. — M. J. Paddon s'engage de payer à chacun
« des soussignés colons mariés, tant qu'il travaille pour
« lui, la somme de cinq cents francs par an, avec
« double ration d'usage chez lui, et cinq pour cent du
« produit de la récolte de leur travail et permet à la

« femme de chacun de cultiver un des 20 hectares pour
« son usage comme jardin ; chaque colon est cependant
« libre de quitter son service dès après la troisième
« récolte et en prévenant trois mois à l'avance pour
« travailler ces vingt hectares à son propre compte,
« mais à condition que cette troisième récolte soit le
« produit de huit hectares de terrain cultivé. Du jour
« ensuite où un des soussignés colons travaille à son
« propre compte, gages, rations et logement cessera et
« il payera à M. Paddon dans les trois années suivantes
« la somme de cinq cents francs comme compensation
« de ses dépenses, soit en nature, soit en espèces.

B.

« I. — Les soussignés colons s'engagent par contre
« de résider avec leur famille chacun sur les vingt hec-
« tares qui lui ont été allotés et de les cultiver selon les
« instructions qu'ils recevront de M. Paddon ou de
« son agent à cet égard. S'ils quittent le terrain qui
« leur a été alloté avant l'expiration des cinq ans de
« séjour nécessaire pour qu'il leur appartienne, toutes
« les améliorations faites dessus appartiendront sans
« aucune exception à M. Paddon, et si un d'eux quittait
« le terrain avant l'expiration de la première année, il
« s'engage à rembourser à M. Paddon le passage à rai-
« son de cinq livres sterling par personne.

« Fait à Sydney le dix-sept mars dix-huit cent cin-
« quante-neuf et pour cinq ans à partir du jour de leur
« arrivée en Nouvelle-Calédonie. »

Ce contrat porte les signatures de J. Paddon, Ferd. Knoblauch, et de cinq colons, tous mariés, soit dix immigrants et trois enfants.

C'était, on le voit, le système de métayage appliqué sur des terrains vierges où tout était à défricher, à cultiver, à mettre en rapport, où il fallait tout créer. Le contrat fut sincèrement et honnêtement exécuté par les deux parties.

Suivant les conseils de Paddon la presque totalité des concessions fut plantée en haricots et pommes de terre ; chacun des colons engagés eut bientôt construit sa maison particulière sur l'emplacement de son choix ; des amis d'Australie tentés par les bons résultats obtenus ne tardèrent pas à venir rejoindre les premiers occupants ; plusieurs, qui sont connus de toute la colonie où ils sont encore, ont acquis l'aisance et même la fortune, et c'est ainsi que fut fondé le village de Païta qui fut, jusque dans ces dernières années, un des centres les plus florissants de la Nouvelle-Calédonie.

En payement de je ne sais quels services, le gouvernement de l'Empire avait donné au marquis de Trazégnies d'Itres, plus de 500 hectares dont 300 d'excellentes terres cultivables dans la vallée de Bourail. M. de Trazégnies n'en fit jamais rien. Il ne prit même pas la peine de venir la visiter. Cette belle propriété fut vendue par lui à la Compagnie franco-australienne de Gomen. « Elle est habitée par des libérés et quelques déportés arabes qui occupent des lots de terre comme fermiers de la Compagnie. Il y a environ soixante concessions sur lesquelles vivent à peu près 150 individus » (1). Ces gens-là végètent au jour le jour et ce ne sont pas eux qui feront jamais de Trazégnies un centre prospère de colonisation.

Une autre tentative de colonisation, due à l'initiative privée, a été faite en 1872, près de Gomen, au Nord de la Nouvelle-Calédonie, par la « Société foncière », qui avait obtenu une concession de 25,000 hectares ! « Pour cultiver ses terres, la Société voulut introduire des immigrants, mais on lui envoya de France toutes sortes de gens déclassés, n'ayant aucune notion d'agriculture. Le village d'Ouaco, sur lequel ils avaient été installés, se dépeupla rapidement. Ces colons d'occasion tombèrent à la charge de l'administration et durent être rapatriés. La « Société foncière » fit faillite » (2).

Elle fut remplacée par la Société franco-australienne qui, sans se soucier davantage de coloniser, a consacré à l'élevage la presque totalité de son immense domaine.

L'administration a cherché, elle aussi, à doter la Nouvelle-Calédonie de colons aptes à en faire valoir les richesses. Les essais ont été nombreux, mais peu satisfaisants. La faute en revient à l'administration elle-même, qui n'a pas toujours favorisé, au point de vue du choix des terrains, les colons auxquels elle avait fait appel. Tous ceux qui, comme nous, ont vu les concessions données en 1873, sur le territoire qui s'étend au Nord de Moindou, se sont demandés comment, même

---

(1) Nicomède, *Loco citato*.
(2) Legrand (*loc. cit.*).

au prix d'efforts considérables, on aurait pu mettre en rapport les terrains concédés. Cette triste expérience aurait dû entraîner avec elle des enseignements salutaires. On n'en a tenu aucun compte et en voici la preuve :

On voulut, en 1890, créer un centre agricole à la Ouaménie, sur une vaste propriété située à une centaine de kilomètres au Nord de Nouméa, ayant appartenu à M. Kervéguen, et qu'on venait d'acheter à M. Cardozo. Un millier d'hectares de ce domaine ayant paru propres à la culture, on résolut de les donner en concessions gratuites à des immigrants libres. Tandis qu'à Paris la Société de colonisation s'occupait de ramasser, un peu partout, des familles d'émigrants, l'Administration locale recevait les ordres les plus formels de mettre la Ouaménie en parfait état. Il fallait faire grand et faire bien. Toute une armée de relégués fut occupée pendant de longs mois à préparer les terrains, à les défricher, à les labourer, à construire des maisons destinées à loger les colons attendus. Mais, malgré tant de soins et d'argent, l'entreprise a misérablement avorté.

Les pauvres diables de colons (1), aux yeux desquels on avait fait miroiter un véritable jardin des Hespérides, n'ont trouvé qu'une terre ingrate, aride, bonne à peine à nourrir le niaouli et le lantana. L'un après l'autre ils ont fui, déçus, ces concessions, qui devaient leur procurer l'aisance, et qui n'ont même pas pu leur donner un morceau de pain.

---

(1) 13 familles, 53 personnes en tout.

Nous pourrions citer encore d'autres essais de colonisation libre qui n'ont pas donné de meilleurs résultats que les tentatives de Trazégnies, de Gomen, de Moindou et d'Ouaménie. Ceux-ci suffiront, nous l'espérons, pour édifier le lecteur sur la valeur d'un système condamné depuis longtemps par tous les esprits impartiaux qui l'ont vu appliquer. Le vice fondamental réside surtout dans le mauvais choix des émigrants; un très petit nombre étaient des agriculteurs, la presque totalité était composée de malheureux n'ayant aucune ressource personnelle; la plupart se considéraient moins comme des colons obligés de se livrer désormais au rude combat pour la vie, que comme les pensionnaires d'une administration large et paternelle.

Dans un remarquable discours, prononcé le 15 novembre 1894, à l'ouverture du Conseil général, M. le gouverneur Feillet qui, depuis son arrivée dans la colonie, a mis toute son activité et son intelligence à chercher les moyens de créer, en France, un mouvement d'immigration vers la Nouvelle-Calédonie, disait, aux applaudissements de tous les conseillers : « Le système
« suivi jusqu'ici est très onéreux pour la colonie et
« nuit au développement de la colonisation. Les fa-
« milles dénuées de tout, qu'on installe dans les centres
« nouveaux coûtent fort cher au budget local et cepen-
« dant ont si peu de ressources et sont si peu préparées
« à la vie agricole que le moindre accident les abat et
« les décourage. Un grand nombre d'entre elles quittent
« leurs concessions et vont traîner une vie misérable
« au chef-lieu, quelques-unes obtiennent des rapatrie-

« ments et leur aspect, à leur retour au pays natal,
« n'est pas fait pour encourager leurs compatriotes à
« venir en Calédonie. Celles qui ne rentrent pas en
« France écrivent des lettres désespérées et l'effet pro-
« duit reste le même.

« De sorte que la colonie a dépensé beaucoup d'ar-
« gent, — 2,500 francs par concession, à Voh — et
« s'assure, en récompense, des récriminations et un
« mauvais renom injustifié. Sans doute, dans chaque
« centre créé ainsi, quelques colons persistent et réus-
« sissent, mais le résultat est toujours disproportionné
« avec les efforts. »

En août 1894, le gouverneur avait déjà abordé devant le Conseil général cette question de la colonisation
par des immigrants libres, si importante pour notre
riche colonie océanienne. Déjà, il s'était rendu compte
de l'inanité du procédé employé jusqu'alors. Il propo-
sait, pour arriver au peuplement lent, mais sûr, à la
mise en valeur des richesses calédoniennes, le système
du métayage qui, ainsi que nous l'avons vu plus haut,
a donné de si bons résultats avec le capitaine Paddon
et ses engagés.

Mais ce système, excellent peut-être pour la Nouvelle-Calédonie où l'on peut disposer de vastes étendues
de terrains, où l'avenir agricole réside entièrement, pour
ainsi dire, dans la culture du café, ne conviendrait pas,
pensons-nous, à l'Ile des Pins où l'État, confiné probablement pour longtemps encore sur la côte Ouest, peut
allotir quelques centaines seulement d'hectares de bons
terrains.

Les colons de Kougnié devront se livrer surtout à la culture maraîchère, à l'élevage de la volaille et du porc.

Il est triste de songer que tous les paquebots arrivant de Sydney à Nouméa inondent le chef-lieu de choux, de choux-fleurs, de carottes, de céleri, de tomates, de volaille même, alors que tous ces produits viennent si bien dans notre colonie.

Il est triste de voir, chaque mois, arriver de France, des quantités considérables de saindoux, alors que l'élevage et l'engraissage du porc sont si faciles et si peu coûteux.

A côté de ces cultures maraîchères, de ces produits de la ferme, il y a place pour d'importantes récoltes de coprah. Le cocotier pousse facilement et vigoureusement à l'île des Pins. C'est un produit sûr; il ne nécessite pour ainsi dire aucun travail, surtout sous ce climat où on peut le faire sécher au soleil.

Que l'administration pénitentiaire fasse donc planter par les relégués des milliers et des milliers de ce précieux palmier; qu'elle limite, dès maintenant, chaque concession future par des clôtures vives de bouraos et de mûriers qui seront utilisés plus tard et elle aura ainsi plus que doublé la valeur de ces terres, elle aura surtout fait œuvre colonisatrice.

A côté des agriculteurs, on installera alors les industriels. L'exploitation raisonnée des bois devra se faire sous la vigilante direction d'un inspecteur choisi avec soin.

La forêt pourrait être, dans ce but, divisée, elle aussi, en lots gratuitement concédés. On objectera peut-être que les coupes si nombreuses faites depuis tantôt vingt-cinq ans ont appauvri à ce point la forêt de la côte Ouest, qu'il reste peu de chose à en retirer. Nous répondrons à cela — et nous pouvons le dire aussi à propos des terrains à cultures — que les immenses forêts du Nord et de l'Est ont toujours été respectées, que les richesses considérables qu'elles renferment en bois de toutes essences ne seront jamais mises en valeur par les indigènes et que, par suite, il y aurait lieu de s'en saisir soit par une convention amiable avec les indigènes, soit même en vertu de notre droit de suzeraineté. L'*Acte* de l'amiral Febvrier-Despointes nous a donné pleine et entière possession de l'île et nous avons le droit d'en user à notre guise, tout en observant rigoureusement le traité passé.

Grâce à la scierie hydraulique d'Uro, les bois pourraient être rapidement débités sur place et expédiés de l'île des Pins, prêts à être mis en œuvre.

Pour les bois comme pour l'agriculture, l'administration pénitentiaire peut et doit prêter son concours à la colonisation, en couvrant de pins colonnaires et de bancouliers, tous les versants dénudés du plateau. Les missionnaires ont donné l'exemple de ces boisements en araucarias : ils ont réussi chez eux, pourquoi n'en serait-il pas de même sur les autres points de l'île?

Kougnié nous offre encore une ressource qu'on aurait tort de négliger : nous voulons parler des vases qui obstruent la baie de Gadji et sont découvertes à mer basse sur une vaste étendue. Nous avons la conviction que ces vases constituent un engrais d'une réelle valeur.

Produites par la décomposition lente des matières végétales et animales de toutes sortes, que les courants amoncellent depuis des siècles dans le fond de la baie, elles rendraient, pensons-nous, des services considérables non seulement à l'île des Pins, mais aussi à la grande terre.

La fumure des terrains est, pour ainsi dire, inconnue en Nouvelle-Calédonie, parce que le fumier manque sur place. Tout le monde sait pourtant que les terrains avoisinant Nouméa sont maigres et épuisés par les cultures incessantes, mais on n'a pas sous la main les engrais nécessaires et l'on ne prend pas la peine d'utiliser ceux qui se trouvent à proximité.

La façon par trop primitive d'élever le bétail en le laissant errer en liberté sur les vastes paturages, prive l'agriculture de la ressource précieuse des fumiers de ferme; les bourriers et les vidanges de Nouméa sont jetés à la mer. On trouve enfin, non loin de la Nouvelle-Calédonie, dans les îles Chesterfield qui sont possession française, de forts gisements de guano, mais il n'est encore venu à l'idée de personne d'aller exploiter ce puissant engrais au profit de notre colonie.

Eh bien! que l'on essaie les vases de l'île des Pins. Leur extraction est facile, peu coûteuse, et, en 10 heures à peine, elles peuvent aller de la baie de Gadji sur le quai de Nouméa. Dans tous les cas, elles peuvent être utilisées sur place.

Les ressources, on le voit, ne manquent pas dans l'île, mais il faut des bras pour les mettre en valeur.

Comment les attirer?

De tous les systèmes de colonisation que nous avons passés en revue, un seul a donné des résultats satisfaisants ; c'est celui du capitaine Paddon. Il nous semble donc qu'on pourrait essayer de l'appliquer à l'île des Pins en y apportant certaines modifications.

On donnera les concessions, mais le colon qui aura été l'objet de cette faveur devra la mériter par son travail ; il sera tenu, envers l'État qui lui fournit les moyens de se créer une position honorable, et qui s'impose pour lui des sacrifices pécuniaires appréciables, à des obligations qui le tiendront mieux attaché au sol sur lequel il se sera établi. Avant de devenir définitivement propriétaire, il devra, par son travail, gagner sa propriété.

Nous proposerons donc, pour l'île des Pins, un système mixte tenant à la fois du système des concessions gratuites et de celui des concessions à titre onéreux, et nous le résumons dans les articles suivants qui pourraient servir de base à un règlement définitif :

1° Seuls, les immigrants mariés ont droit à une concession. Il nous paraît inutile de développer les motifs de cette condition. Il est, en effet, de toute évidence, que plus nous aurons de familles, plus tôt nous aurons constitué une colonie.

2° Tout immigrant qui demandera une concession devra justifier qu'il est possesseur d'un petit capital de 3,000 à 4,000 francs. Nous éviterons peut-être ainsi le retour des faits déplorables d'Ouenco, de la Ouaménie et d'ailleurs, où trop d'immigrants qui avaient été ramassés un peu partout, sur le pavé des grandes villes, n'avaient même pas de quoi acheter le moindre vêtement, où le produit de la récolte future était déjà engagé, et au delà, chez les fournisseurs, longtemps avant la maturité.

3° La superficie de la concession sera de 5 à 7 hectares. Nous sommes d'avis que les vastes propriétés entraînent des frais de toutes sortes qui ne sont pas en rapport avec les bénéfices. D'ailleurs, nous le répétons, les grandes cultures ne trouveraient pas leur place à l'Ile des Pins. Laissons-les aux colons de la grande terre.

4° La ration alimentaire est allouée pour une période de 18 mois, mais de la façon suivante :

Le pain et la viande sont délivrés pendant 18 mois, quotidiennement.

Les légumes secs pendant 6 mois seulement, à raison de 1 kilogramme de haricots et 1 kilogramme de riz tous les 15 jours.

Les enfants au-dessus de 12 ans ont droit à la ration dans le cas seulement où ils travaillent sur la concession paternelle.

La ration de légumes pendant 6 mois nous paraît suffisante parce que, pendant cette période, le colon aura eu le temps de préparer et de faire un jardin qui lui fournira largement le nécessaire.

5° Le concessionnaire a droit pour lui et sa famille aux soins gratuits du médecin de l'administration, et à la délivrance des médicaments, pendant une période de 18 mois, soit à domicile pour les maladies légères, soit à l'hôpital du lieu, pour les maladies graves ou de longue durée.

Les mêmes avantages sont faits aux immigrants non cultivateurs qui demanderont des lots de village pour y exercer une industrie ou un lot de forêt pour l'exploitation des bois.

6° En retour de ces avantages, le concessionnaire devra rembourser en 12 annuités à partir de la troisième année de la mise en concession les avances faites par l'administration, sous forme de frais de passage, de cession et de mise en état des terrains, de construction de maison, de fourniture de vivres.

Ces avances peuvent être évaluées à 1,500 francs environ :

Frais de passage de France à l'Île des Pins.	600 fr.
Cession et mise en état des terrains.....	100
Construction de la maison.............	300
Cession de vivres pendant 18 mois.......	500
Total........	1,500 fr.

Cette somme de 1,500 francs sera, avons-nous dit, remboursée à partir de la troisième année. Les versements pourront être effectués mensuellement ou trimestriellement.

Tout concessionnaire qui sera resté un an sans payer son annuité de 125 francs sera, *ipso facto*, déchu de sa concession qui fera retour au domaine.

Il n'aura droit à aucune indemnité pour les améliorations apportées par lui sur les terrains concédés.

Il ne pourra réclamer ni pour lui, ni pour aucun membre de sa famille le rapatriement gratuit.

Nous n'insisterons pas davantage.

Laissant à d'autres, plus compétents, le soin de rechercher si, dans les idées que nous venons d'exposer, il n'en est pas au moins une bonne à favoriser le résultat souhaité : la colonisation et le peuplement de l'Ile des Pins par des colons libres, nous dirons à ceux qui ont bien voulu nous lire jusqu'au bout :

Il existe à proximité de notre belle Calédonie, tout près du grand continent australien, une île, où la nature s'est complue à accumuler, sous un climat sain et tempéré, des ressources de toutes sortes. Il y a place ici pour l'agriculteur, pour l'industriel, pour le spéculateur. Mais tout cela nous fait défaut.

La présence du bagne et de la relégation a éloigné de nous beaucoup d'esprits entreprenants qu'effrayait ce voisinage; rassurez-les. Le bagne va disparaître.

Et, si nous vous avons convaincu, travaillez avec nous, par la parole et par la presse, à l'œuvre si patriotique de l'expansion coloniale de la France dans notre riche possession de l'Océan Pacifique.

LISTE BIBLIOGRAPHIQUE [1]

Ce n'est pas une bibliographie de l'Ile des Pins que nous donnons ici ; il n'y en a pas à faire, à proprement parler, car elle se confondrait avec celle de la Nouvelle-Calédonie, dont l'Ile des Pins n'est qu'une dépendance. Toutefois, nous avons cru qu'il pouvait être intéressant de joindre à la monographie du Dr Mialaret une liste des cartes spéciales de l'Ile des Pins et de quelques travaux concernant plus particulièrement cette île.

Nous ajoutons qu'il n'est guère d'ouvrage relatif à la Nouvelle-Calédonie qui ne contienne quelque détail sur l'Ile des Pins. La plupart d'entre eux devraient être consultés par celui qui désirerait connaître tout ce qui a été écrit sur cette île. Nous rappelons, à ce propos, qu'il existe une excellente bibliographie de la Nouvelle-Calédonie, par M. Léon Vallée, de la Bibliothèque Nationale, sous ce titre : *Essai d'une bibliographie de la Nouvelle-Calédonie et dépendances* (Paris, C. Klincksieck, 1883).

Ajoutons qu'on trouvera de nombreux éléments, pour dresser une suite à la bibliographie de M. Vallée, dans les notes qui accompagnent l'ouvrage de M. Augustin Bernard : *L'Archipel de la Nouvelle-Calédonie* (Paris, Hachette, 1894).

1. — Carte de l'Ile Kounié ou des Pins (Nouvelle-Calédo-

---

[1] Cette liste bibliographique a été dressée par M. Gustave Regelsperger, docteur en droit.

nie), levée et dressée en octobre 1850 par l'enseigne de vaisseau C. Pouthier, sous les ordres du capitaine de frégate J. d'Harcourt, commandant la corvette l'*Alcmène*. — Dépôt général de la Marine, 1855. — N° 1472 du Dépôt des Cartes et Plans de la Marine.

Cette carte est accompagnée d'une instruction.

2. — Nouvelle-Calédonie. — Carte de Kunie (île des Pins), levée en 1856, d'après les ordres de M. Lebris-Durumain, commandant supérieur de la Nouvelle-Calédonie, par M. Bouquet de la Grye, sous-ingénieur hydrographe de 1re classe, publiée par ordre de l'Empereur, sous le ministère de Son Excellence M. l'amiral Hamelin, secrétaire d'État au Département de la Marine, au Dépôt des Cartes et Plans de la Marine, en 1860. — N° 1821 du Dépôt des Cartes et Plans de la Marine.

3. — Ile des Pins (Nouvelle-Calédonie). — Carte à l'échelle de 1/75,000 dans : *Notice sur la Déportation à la Nouvelle-Calédonie* (Paris, Imprimerie Nationale, in-4).

La même carte est reproduite dans les Notices publiées successivement en 1874, 1876, 1877, 1878, 1880.

4. — Nouvelle-Calédonie. — Partie comprise entre Kunie et la grande terre, levée en 1856-57, d'après les ordres du contre-amiral comte Dubouzet, par M. A. Bouquet de la Grye, sous-ingénieur hydrographe de 1re classe, publiée par ordre de l'Empereur, sous le ministère de Son Excellence M. l'amiral Hamelin, secrétaire d'État au Département de la Marine, au Dépôt des Cartes et Plans de la Marine en 1860. — N° 1856 du Dépôt des Cartes et Plans de la Marine.

5. — Nouvelle-Calédonie et dépendances. Service topographique. Tableau d'assemblage de la partie occidentale de l'Ile des Pins, comprenant le territoire militaire et les cinq communes affectées à la déportation simple, levé sur le terrain, d'avril à octobre 1875, par M. Caujolle, géomètre. — Échelle de 1 m. à 20,000 mètres.

Cette carte se trouve dans : *Notice sur la Déportation à la Nouvelle-Calédonie*, publiée par les soins de M. le vice-amiral

Pourichon, ministre de la Marine et des Colonies. — Paris, 1876 (Imprimerie Nationale).

6. — Plan du port du Sud ou baie de l'Assomption à l'île Kounié ou des Pins (Nouvelle-Calédonie), levé et dressé en octobre 1850 par l'enseigne de vaisseau P. Devarenne, sous les ordres du capitaine de frégate J. d'Harcourt, commandant la corvette l'*Alcmène*. — Dépôt général de la Marine, 1855. — N° 1173 du Dépôt des Cartes et Plans de la Marine.

Cette carte est accompagnée d'une instruction.

7. — Plan du port de Vao et de la partie sud de l'île des Pins (Nouvelle-Calédonie), levé en 1856, d'après les ordres de M. Lebris-Durumain, commandant supérieur de la Nouvelle-Calédonie, par M. Bouquet de la Grye, sous-ingénieur hydrographe de 1re classe, publié par ordre de l'Empereur, sous le ministère de Son Excellence M. l'amiral Hamelin, secrétaire d'État au Département de la Marine, au Dépôt des Cartes et Plans de la Marine en 1860. — Échelle de 1/25,000. — N° 1823 du Dépôt des Cartes et Plans de la Marine.

Ce plan est accompagné d'une instruction, sous ce titre : Avertissement. Instruction pour entrer dans le port de Vao.

8. — Plan du port de Vao et de la partie sud de l'île des Pins, levé en 1856 par M. Bouquet de la Grye.

Réduction d'après le plan précédent, dans : *Instructions nautiques sur la Nouvelle-Calédonie*, par MM. de Montravel, Grimoult et Jouan. Paris, 1867, in-8 (Typogr. de Ad. Lainé et J. Havard).

9. — Instructions sur le mouillage de la baie de l'Assomption et les mouillages de l'île des Pins (Nouvelle-Calédonie) (*Annales hydrographiques*, t. XI, 1856, pp. 151-152).

Ces Instructions reproduisent, sauf quelques différences de rédaction, celle qui accompagne la carte n° 1472 du Dépôt des Cartes et Plans de la Marine (v. ci-dessus n° 1 de la bibliographie).

10. — Instructions pour aller mouiller dans les ports de

l'Assomption, île des Pins (Nouvelle-Calédonie) (Annales hydrographiques, t. XI, 1856, pp. 130-151).

Ces Instructions reproduisent, sauf quelques différences de rédaction, celle qui accompagne la carte n° 1479 du Dépôt des Cartes et Plans de la Marine (voy. ci-dessus n° 6 de la bibliographie).

11. — **Goujon** (R. P.). — Lettre (*Annales de la propagation de la foi*, t. XXII, 1850, pp. 117-124).

(Cette lettre contient une description de l'île des Pins.)

12. — Campagne de la corvette l'*Alcmène* en Océanie, pendant les années 1850 et 1851. Journal de M. Bérard, officier d'administration du bâtiment (*Nouvelles Annales de la Marine et des Colonies*, t. XII, 1854).

(Cette relation contient une notice spéciale à l'île des Pins, pp. 56-76.)

13. — **De Rochas** (Dr V.). — Notice sur l'île des Pins (*Bulletin de la Société de Géographie*, 1861, t. Ier, pp. 51-56).

14. — Notice sur l'île des Pins (*Annales de la propagation de la foi*, t. XXXIII, 1861, pp. 103-119).

15. — L'île des Pins ou Kunié (Nouvelle-Calédonie) (*La Liberté*, 13 avril 1872).

Article reproduit dans : *Les Missions catholiques*, t. IV, 1871-1872, pp. 388-391.

16. — L'île des Pins (*L'Année géographique*, par Vivien de Saint-Martin, 11e année, 1872, pp. 208-210).

17. — Souvenirs d'un déporté en Nouvelle-Calédonie (1871), par Julius Prætor. — Paris, 1875, in-18 (Arthème Fayard).

(Chap. xxi : « L'île des Pins », et la carte de l'île.)

18. — **Garnier** (Jules), *ingénieur*. — Océanie, les îles des Pins, Loyalty et Tahiti. — Paris, 1875, in-18 (Plon.)

(Sur l'île des Pins : chap. iv, pp. 91-103.)

19. — **Lambert** (R. P.), *missionnaire apostolique de la Société de Marie*. — Les hypogées de l'île des Pins (Nouvelle-Calédonie). Étude d'archéologie païenne. (*Les Missions catholiques*,

20. — Vinson (L.-P.-Eug.). — Thèse pour le doctorat en médecine. Essai d'une topographie médicale de la Nouvelle-Calédonie et de l'île des Pins. — Paris, 1858, in-4 (Impr. Rignoux).

(Contient une « Topographie de l'Ile des Pins », pp. 22-31.)

21. — Guyot (D' F.), *médecin de 1re classe.* — La déportation simple à l'île des Pins (*Archives de médecine navale*, 1881, t. XXXVI, pp. 161-175).

22. — Nicomède (D' Gaston), médecin de la marine. — La relégation collective à l'île des Pins (Nouvelle-Calédonie), 1887 1889 (*Bulletin de la Société de Géographie de Rochefort*, t. XI, 1889-1890, pp. 8-69). — Tir. à part, Rochefort, 1889.

23. — Hooker (J.-D.). — On Chortodes, a subgenus of Flagellaria, from the Isle of Pines (New Caledonia) (*Hooker's Journal of Botany and Kew garden miscellany*. Edited by sir William Jackson Hooker, Londres, 1855, t. VII, pp. 198-200).

24. — Annales des Missions de la Société de Marie. — Vicariat apostolique de la Nouvelle-Calédonie. Ile des Pins. — Tome IV, pp. 311-330.

(Lettres diverses.)

25. — Poupinel (R. P.). — Lettres (*Annales de la propagation de la foi*, t. XXXIV, 1862, pp. 394-408).

(Il est question dans cette lettre de la construction d'une église à l'île des Pins.)

26. — Ile des Pins (Nouvelle-Calédonie) (*Les Missions catholiques*, t. III, 1870, pp. 131-132).

(Lettre du R. P. Rougeyron, de la Société de Marie, rendant compte d'une visite faite à l'île des Pins, en mai 1869.)

27. — Nécrologie. Le R. P. Goujon, de la Société de Marie, fondateur de la Mission de l'île des Pins (*Les Missions catholiques*, t. XIV, 1882, pp. 227-228).

28. — R. P. Goujon, décédé à l'île des Pins, le 21 décembre 1881. Extrait du *Messager du Dimanche* de Belley et Lettre du

P. Lambert à S. G. Mgr Freyne, vicaire apostolique de la Nouvelle-Calédonie, sur les derniers moments du R. P. Goujon (*Annales des Missions de la Société de Marie*, I. V, pp. 911-591).

TABLE DES MATIÈRES

Chapitre	I. — Géographie, topographie.	7
—	II. — Faune.	45
—	III. — Exploitation forestière, agriculture.	71
—	IV. — Les indigènes	97
—	V. — Histoire	123
—	VI. — La déportation, la transportation, la relégation.	145
—	VII. — Climatologie et pathologie	169
—	VIII. — Avenir.	189
Liste bibliographique.		217

Contraste insuffisant

NF Z 43-120-14

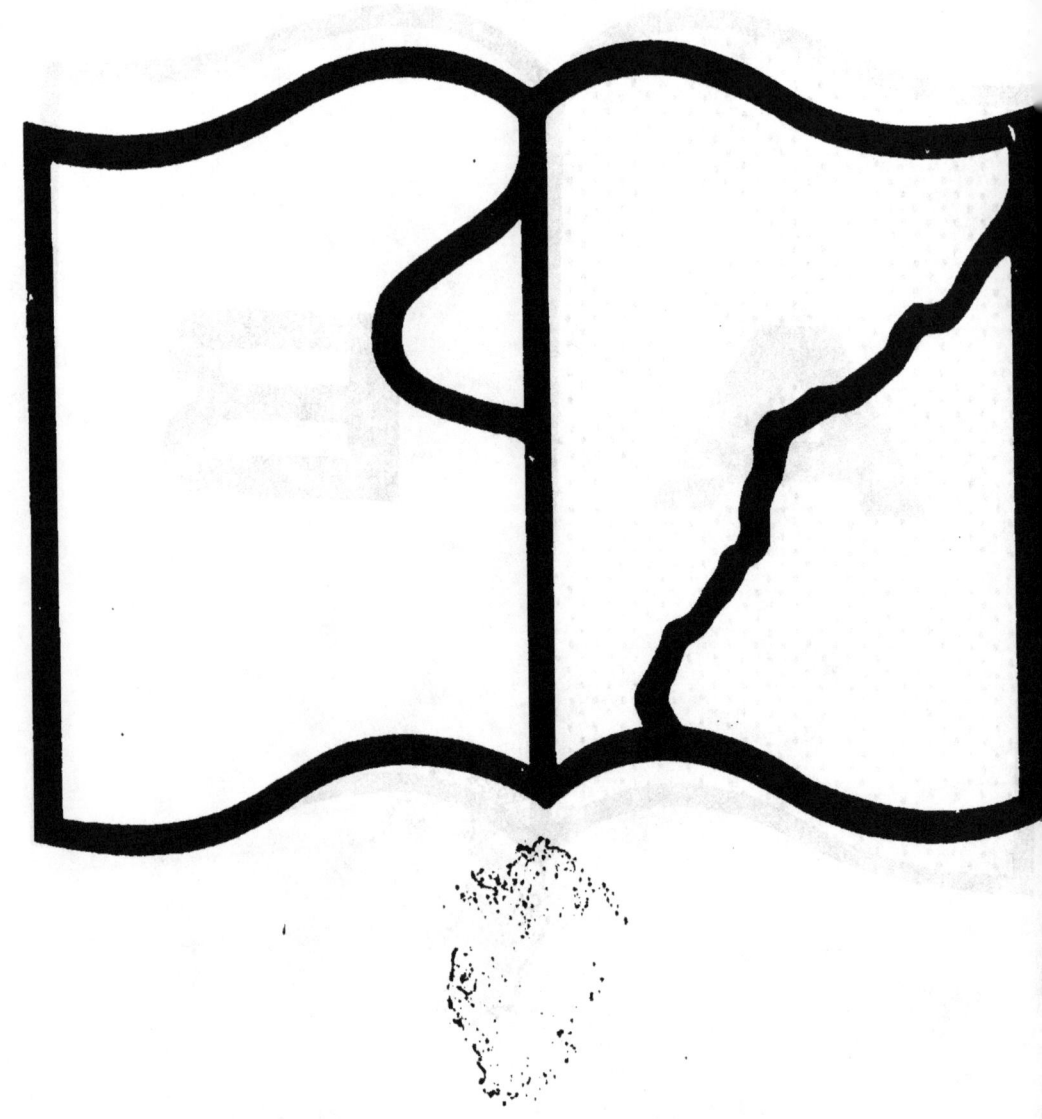

Texte détérioré — reliure défectueuse

NF Z 43-120-11

www.ingramcontent.com/pod-product-compliance
Lightning Source LLC
Chambersburg PA
CBHW061959180426
43198CB00036B/1645